L'AVENTURE DE MIGUEL LITTÍN CLANDESTIN AU CHILI

Gabriel García Márquez est né en 1928 à Aracataca, village de Colombie. Journaliste, auteur de cinéma, il écrit un livre par pays où il séjourne. Immense succès en Amérique latine, traduit dans une quinzaine de pays, *Cent Ans de solitude* lui apporte la notoriété internationale. Ses autres œuvres, notamment *L'Automne du patriarche, Chronique d'une mort annoncée* (film de Francesco Rosi), *La Mala Hora, L'Amour aux temps du choléra* ont confirmé puissamment la maîtrise d'un talent consacré en 1982 par le prix Nobel de littérature.

Paru dans Le Livre de Poche :

L'AUTOMNE DU PATRIARCHE.
CHRONIQUE D'UNE MORT ANNONCÉE.
LA MALA HORA.

GABRIEL GARCÍA MÁRQUEZ

L'Aventure de Miguel Littín clandestin au Chili

TRADUIT DE L'ESPAGNOL
PAR JEAN-CLAUDE MASSON

SYLVIE MESSINGER

L'édition originale de ce livre a été publiée sous le titre :

LA AVENTURA DE MIGUEL LITTÍN CLANDESTINO EN CHILE

par les Ediciones El País, à Madrid, en 1986.

INTRODUCTION

Au début de l'année 1985, le cinéaste chilien Miguel Littín – qui figure sur une liste de cinq mille exilés auxquels il est strictement interdit de rentrer au pays – s'est rendu au Chili par la voie clandestine et y a séjourné pendant six semaines pour tourner plus de trente-deux mille mètres de pellicule sur la réalité de son pays après douze ans de dictature militaire. Ayant changé de visage, de façon de s'habiller et de parler, muni de faux papiers et avec l'aide et la protection des organisations démocratiques qui travaillent dans la clandestinité, Littín a dirigé d'un bout à l'autre du territoire national – et jusque dans les murs du palais de la Monnaie – trois équipes européennes de cinéma, entrées en même temps que lui sous diverses couvertures légales, et six autres jeunes équipes de la résistance intérieure. Le résultat est un film de quatre heures pour la télévision et de deux heures pour le cinéma que l'on commence à projeter à travers le monde.

Quand, il y a six mois, à Madrid, Miguel Littín m'a raconté son aventure et la façon dont elle s'était déroulée, j'ai pensé qu'il y avait derrière son film un autre film en suspens qui courait le risque de rester inédit. C'est ainsi qu'il a bien voulu se soumettre à un interrogatoire épuisant de près d'une semaine, dont la version enregistrée durait dix-huit heures. Elle conserve le souvenir intégral de cette aventure humaine, avec toutes ses implications professionnelles et politiques, dont je raconte le condensé dans les dix chapitres qui suivent.

Quelques noms ont été changés et beaucoup de circonstances modifiées afin de protéger les protagonistes qui vivent au Chili. J'ai préféré maintenir le récit à la première personne, tel que je l'ai entendu de la bouche de Littín, en tentant de préserver son ton personnel – et parfois confidentiel –, sans dramatisations faciles ni prétentions historiques.

Le style de ce livre est le mien, bien entendu, puisque la voix d'un écrivain n'est pas interchangeable, et moins encore lorsqu'il a dû comprimer presque six cents pages en deux cents. Pourtant j'ai essayé, dans de nombreux cas, de conserver les idiotismes chiliens du récit original et de respecter en tout la pensée du narrateur, qui n'est pas toujours en accord avec la mienne.

Par sa méthode de recherche et le caractère de son matériel, *L'Aventure de Miguel Littín, clandestin au Chili* est un reportage. Mais il y a davantage dans la reconstitution passionnée d'une aventure dont le but ultime était, sans doute, beaucoup plus intime et émouvant que le dessein initial et mené à bien de réaliser un film qui ridiculise le pouvoir militaire. Littín l'a dit lui-même : « Ceci n'est pas l'acte le plus héroïque de ma vie, mais le plus digne. » Oui, et je crois que là est sa grandeur.

G.G.M.

1

AU CHILI EN SECRET

Le vol 115 de la Ladeco, provenant d'Asunción (Paraguay), était sur le point d'atterrir, avec plus d'une heure de retard, à l'aéroport de Santiago du Chili. Sur la gauche, à presque sept mille mètres, l'Aconcagua semblait un promontoire d'acier sous l'éclat de la lune. L'avion a incliné l'aile gauche avec une grâce effroyable, puis s'est redressé dans un crissement de métaux lugubre, et a touché terre un peu trop vite avec trois sauts de kangourou. Moi, Miguel Littín, fils de Hernán et de Cristina, cinéaste, un des cinq mille Chiliens qui ne peuvent en aucun cas rentrer chez eux, j'étais à nouveau dans mon pays après douze ans d'exil, mais toujours exilé intérieurement : je portais une fausse identité, un faux passeport, et j'avais même une fausse épouse. Mon visage et toute mon apparence avaient tellement changé grâce au maquillage et aux vêtements, que ma propre mère n'allait pas me reconnaître en pleine lumière quelques semaines plus tard.

Peu de personnes au monde étaient dans le secret, et l'une d'elles voyageait dans le même avion. C'était Elena, une militante de la résistance chilienne, jeune et très attrayante, chargée par son organisation de maintenir les communications avec le réseau intérieur, d'établir les contacts, de déterminer les lieux propices pour les rencontres, d'évaluer l'état des opérations, d'arranger les rendez-vous, de veiller à notre sécurité. S'il m'arrivait d'être découvert par la police ou de disparaître, ou encore de ne pas prendre les contacts prévus pendant plus de vingt-quatre heures, elle devrait rendre publique ma présence au Chili, afin de déclencher l'alarme internationale. Malgré l'absence de lien d'état civil entre nos documents d'identité, depuis Madrid nous étions passés par sept aéroports très fréquentés comme des époux qui s'entendent bien. Mais, pour ce dernier trajet d'une heure et demie de vol, nous avions décidé de ne pas nous montrer ensemble et de débarquer comme si nous ne nous connaissions pas. Elle passerait le contrôle d'immigration après moi, afin de prévenir ses compagnons si je rencontrais un obstacle. Si tout allait bien, nous serions de nouveau un couple routinier à la sortie de l'aéroport.

Notre objectif était très simple sur le papier, mais, dans la pratique, il impliquait un grand risque : il s'agissait de filmer un documentaire clandestin sur la réalité chilienne au bout de douze ans de dictature militaire. Cette idée était un rêve qui me tournait en tête depuis longtemps, car l'image du pays s'était perdue dans les brumes de la nostalgie, et, pour un homme de cinéma, il n'y a pas de façon plus adéquate de retrouver la patrie que d'y filmer à nouveau. Ce rêve s'est fait plus pressant lorsque le gouvernement chilien a commencé à publier des listes d'exilés qui avaient reçu l'autorisation de rentrer, et que je n'ai trouvé mon nom sur aucune. Puis j'ai atteint le comble du désespoir en lisant la publication de la liste des cinq mille interdits de séjour, sur laquelle je figurais.

Quand enfin le projet s'est concrétisé, presque par hasard et alors que je m'y attendais le moins, il y avait plus de deux ans que j'avais perdu l'illusion de le réaliser jamais.

C'était en automne 1984, dans la ville basque de San Sebastián. Je m'y étais installé six mois auparavant, avec Ely et nos trois enfants, pour réaliser un film à thème qui, comme tant d'autres dans l'histoire secrète du cinéma, avait été annulé par les producteurs une semaine avant le début du tournage. Je me suis retrouvé dans l'impasse. Mais, au cours d'un dîner avec des amis dans un restaurant populaire, pendant le festival de cinéma, j'ai reparlé de mon vieux rêve. On l'a écouté et commenté avec un intérêt certain, non seulement à cause de sa portée politique évidente, mais aussi comme une gifle à la toute-puissance de Pinochet. Pourtant, personne n'a compris que c'était bien autre chose qu'une pure fantaisie de l'exil. A l'aube déjà, alors que nous rentrions par les rues endormies de la vieille ville, le producteur italien Luciano Balducci, qui avait à peine parlé pendant le repas, m'a pris par le bras et m'a tenu à l'écart du groupe d'une façon qui semblait fortuite.

– L'homme dont tu as besoin, m'a-t-il dit, t'attend à Paris.

C'était vrai. L'homme qui pouvait m'aider occupait un haut rang dans la résistance intérieure au Chili, et son projet ne se distinguait du mien que sur quelques points formels. Une seule conversation avec lui, pendant quatre heures, dans l'atmosphère mondaine de la Coupole et avec la participation enthousiaste de Luciano Balducci, nous a suffi pour transformer en réalité une fantaisie que j'avais couvée, jusque dans ses moindres détails, à travers les insomnies chimériques de l'exil.

La première étape consistait à introduire au Chili

trois équipes de tournage : une française, une italienne et une troisième de n'importe quelle nationalité européenne, pourvu qu'elle soit munie de lettres de créance hollandaises. Equipes tout à fait légales, avec des permis légitimes et sous la protection habituelle de leurs ambassades. L'équipe italienne, dirigée de préférence par un journaliste, aurait pour couverture le tournage d'un documentaire sur l'immigration italienne au Chili, avec un intérêt particulier pour l'œuvre de Joaquín Toesca, l'architecte qui a construit le palais de la Monnaie. L'équipe française devait donner comme prétexte la réalisation d'un documentaire écologique sur la géographie chilienne. La troisième irait faire une étude sur les derniers séismes. Aucune d'entre elles ne devrait connaître l'existence des deux autres. Aucun de leurs membres ne pourrait savoir ce qu'ils effectuaient en réalité – ni qui les dirigeait dans l'ombre – hormis le responsable de chaque équipe, qui serait nécessairement un professionnel connu dans son milieu, formé politiquement et conscient des risques encourus. C'était la partie la plus facile, que j'ai résolue lors d'un court voyage dans les pays d'origine de chaque équipe. Toutes les trois, accréditées en bonne et due forme et avec des contrats en règle, étaient déjà au Chili et attendaient des instructions le soir de mon arrivée.

LE DRAME DE DEVENIR AUTRE

En réalité, le processus le plus difficile pour moi a été de me transformer en un autre. Changer de personnalité est une lutte quotidienne dans laquelle on se rebelle souvent contre sa propre résolution en voulant continuer d'être soi-même. Ainsi, la difficulté majeure n'a pas été l'apprentissage, comme on pourrait le penser, mais ma résistance inconsciente, aussi bien aux changements physiques qu'aux modifications du comportement. Je devais me résigner à cesser d'être l'homme que j'avais toujours été pour devenir une personne très différente, insoupçonnable aux yeux de cette même police répressive qui m'avait forcé à quitter mon pays, et méconnaissable devant mes propres amis. Sous la direction d'un expert en opérations spéciales clandestines, détaché du Chili, deux psychologues et une maquilleuse de cinéma ont réussi ce miracle en un peu moins de trois semaines, luttant sans trêve contre ma détermination instinctive à demeurer moi-même.

Le premier problème a été la barbe. Il n'était pas simplement question de me raser, mais de sortir de la personnalité qu'elle m'avait donnée. Je l'avais laissée pousser très jeune, quand j'allais faire mon premier film, et je l'avais ensuite rasée plusieurs fois, mais je n'avais jamais filmé sans elle. La barbe semblait inséparable de mon identité de metteur en scène. Mes oncles aussi l'avaient portée, ce qui contribuait sans doute à accroître mon affection envers elle. Je m'en étais défait voici quelques années au Mexique, et je n'avais pas réussi à imposer mon nouveau visage à mes amis et à ma famille, encore moins à moi-même. Tous avaient l'impression d'être en présence d'un intrus, mais je persistais à ne pas la laisser pousser, car je croyais avoir l'air plus jeune. Ma fille cadette, Catalina, a balayé mes doutes :

– Tu es plus jeune sans barbe, m'a-t-elle dit, mais aussi plus laid.

Ainsi, me raser la barbe pour entrer au Chili n'était pas seulement un problème de mousse et de rasoir, mais un processus beaucoup plus profond de dépersonnalisation. On me l'a coupée peu à peu, en observant les changements à chaque étape, en évaluant les effets sur mon apparence et mon caractère – jusqu'à ce que je me retrouve tondu. J'ai dû attendre plusieurs jours avant d'avoir le courage de me regarder dans la glace.

Ensuite, les cheveux. Les miens sont d'un noir intense, hérités d'une mère grecque et d'un père palestinien, qui m'a également légué en partage la menace d'une calvitie précoce. On a commencé par me les teindre châtain clair. Ensuite on a essayé divers types de coiffure, puis la conclusion a été qu'il ne fallait pas contrarier la nature. Au lieu de dissimuler la calvitie, comme on pensait le faire au début, on l'a accentuée, non seulement avec une coiffure lisse en arrière, mais en achevant avec une pince les désastres de l'épilation que le temps avait déjà commencée.

On ne le croira pas, mais il y a des touches quasi imperceptibles qui peuvent changer la structure du visage. Le mien, qui est de pleine lune même en supprimant les kilos que j'avais alors en surplus, a été allongé par l'épilation profonde de l'extrémité des sourcils. Le plus curieux est que cela m'a donné un air plus oriental que celui que j'ai de naissance, et qui correspondrait davantage à mes origines. Le dernier pas a été l'usage de lunettes qui, les premiers jours, m'ont causé de grandes migraines, mais qui m'ont changé la forme des yeux et, plus encore, l'expression du regard.

La transformation du corps a été plus facile, mais elle a exigé un plus grand effort mental. Le changement de visage était essentiellement une question de maquillage; celui du corps exigeait un entraînement psychologique spécifique et un plus grand degré de concentration. Car c'était là que je devais assumer pleinement mon changement de classe. Au lieu des jeans que je portais presque toujours, et de mes chemises de chasseur, je devais m'habituer à endosser des complets d'étoffe anglaise fabriqués par de grandes marques européennes, à mettre des chemises faites sur mesure, des chaussures de daim, des cravates italiennes à fleurs peintes. A la place de mon accent de Chilien rural, rapide et tourmenté, il me fallait étudier une cadence de riche Uruguayen, la nationalité qui convenait le mieux à ma nouvelle identité. Je devais apprendre à rire d'une façon moins caractéristique que la mienne, apprendre à marcher lentement, à me servir des mains pour être plus convaincant dans le dialogue. Bref, je devais cesser d'être un metteur en scène de cinéma, pauvre et non conformiste comme je l'avais toujours été, pour devenir ce que je voudrais le moins être au monde : un bourgeois satisfait. Ou, comme on dit au Chili : une momie.

Alors même que je me transformais, j'avais appris à vivre avec Elena dans un logis du XVIe arrondissement de Paris, soumis pour la première fois à un ordre préétabli par quelqu'un d'autre que moi, et à un régime de mendiant destiné à me faire perdre dix kilos – j'en pesais quatre-vingt-sept. Ce n'était pas ma maison, elle ne ressemblait en rien à la mienne, mais elle devait l'être dans ma mémoire, car il s'agissait de cultiver des souvenirs pour éviter des contradictions futures. J'ai vécu là une des plus rares expériences de ma vie, car j'ai vite constaté qu'Elena était tout aussi sympathique et sérieuse dans la vie privée, mais que jamais je n'aurais pu vivre avec elle. Les experts l'avaient choisie pour sa qualification professionnelle et politique, et je devais m'efforcer de suivre une voie ferrée qui ne laissait nulle place à l'improvisation. Mon tempérament de créateur libre se refusait à l'admettre. Plus tard, après un dénouement heureux, je comprendrais que je n'avais pas été juste avec elle, peut-être parce que, d'une façon inconsciente, je l'identifiais avec le monde de mon nouveau moi, dans lequel je résistais à m'installer, tout en sachant que c'était une question de vie ou de mort. Aujourd'hui, évoquant cette curieuse expérience, je me demande si finalement nous n'étions pas un couple parfait : c'est à peine si nous pouvions nous supporter sous le même toit.

Elena n'avait pas de problèmes d'identité. Elle est Chilienne, même si elle n'a pas vécu au Chili de façon permanente depuis plus de quinze ans, même si elle n'a jamais été exilée ni recherchée par la police. Autant dire que sa couverture est parfaite. Elle avait accompli de nombreuses missions politiques importantes dans divers pays, et l'idée de réaliser un film clandestin chez elle la fascinait. Le gros problème venait de moi, car la nationalité qui semblait la plus pertinente pour des raisons techniques me forçait à étudier un caractère très différent du mien et à m'inventer tout un passé dans un pays que je ne connaissais pas. Pourtant, avant la date prévue, j'avais appris à me retourner immédiatement si quelqu'un m'appelait par mon faux nom, et j'étais capable de répondre aux questions les plus singulières sur la ville de Montevideo, sur les lignes d'autobus que je devais prendre pour rentrer à la maison, et même sur la vie des mes condisciples, vingt-cinq ans plus tôt, au lycée du 11 de l'avenue Italia, à deux rues d'une pharmacie et tout près d'un nouveau supermarché. Je devais absolument éviter de rire, car mon rire est si caractéristique qu'il m'aurait trahi malgré le déguisement. A telle enseigne que le responsable de ma métamorphose m'a mis en garde, avec tout le sens de la dramatisation dont il était capable : « Si tu ris, tu meurs. » Il est vrai qu'une figure d'enterrement n'aurait rien d'étonnant chez un requin international des grandes affaires.

Un doute imprévu s'est fait jour à cette époque sur l'opportunité même du projet, suite à la déclaration d'un nouvel état de siège au Chili. C'était la façon dont la dictature – atteinte par l'échec spectaculaire de l'aventure économique de l'Ecole de Chicago[1] – réagissait à l'action unanime de l'opposition, rassemblée pour la première fois en front commun. Les premières manifestations de rues ont commencé en mai 1983 et se sont répétées tout au long de l'année avec une participation aguerrie des jeunes, surtout des femmes, mais aussi avec une répression sanglante.

Les forces d'opposition, légales et illégales, auxquelles s'ajoutaient pour la première fois les secteurs les plus progressistes de la bourgeoisie, ont lancé un mot d'ordre d'arrêt de travail, pendant toute une journée. Cette démonstration de force et de détermination sociales a exaspéré la dictature et précipité l'état de siège. Pinochet, désespéré, a lancé un cri qui a résonné dans le monde avec des accords d'opéra :

– Si cela continue ainsi, nous devrons faire un nouveau 11 septembre.

Bien sûr, ces conditions semblaient favorables au tournage d'un film comme le nôtre, qui prétendait montrer les éléments les moins visibles de la réalité interne, mais, en même temps, nous savions que les contrôles policiers seraient plus rigoureux, la répression plus brutale, et que notre temps serait limité par le couvre-feu. Néanmoins, la résistance

1. Les « Chicagoboys », inspirés par les thèses du Prix Nobel d'Economie M. Friedman, qui ont conseillé Pinochet – et Reagan – dans leurs décisions économiques *(N.d.T.)*.

intérieure a évalué tous les aspects de la situation et a jugé préférable de continuer comme prévu, ainsi que je le voulais. De sorte que, le vent en poupe, nous avons hissé les voiles à la date fixée.

UN GRAND BONNET D'ANE POUR PINOCHET

La première rude épreuve a eu lieu le jour du départ, à l'aéroport de Madrid. Il y avait plus d'un mois que je n'avais pas vu Ely et nos enfants : Pochi, Miguelito et Catalina. Je ne recevais même pas directement de leurs nouvelles, et l'idée qui prévalait parmi les responsables de ma sécurité était que je m'en aille sans les avertir afin d'éviter les déchirements de l'adieu. Plus encore : au début de l'opération, on avait pensé que, pour la tranquillité de tous, il valait mieux que ma famille ignore la vérité, mais nous avons bientôt admis que cela n'avait aucun sens. Bien au contraire, nul ne pouvait être plus utile qu'Ely pour couvrir l'arrière-garde. En allant de Madrid à Paris, de Paris à Rome, et même jusqu'à Buenos Aires, elle était la personne la mieux préparée pour contrôler la réception et le développement du matériel que je lui enverrais peu à peu, voire pour obtenir des fonds supplémentaires le cas échéant. Ainsi fut fait.

Par ailleurs, dès les premiers préparatifs, ma fille Catalina avait remarqué que ma chambre s'emplissait de vêtements nouveaux, tout à fait contraires à ma façon de m'habiller et même à ma façon d'être. Elle a été tellement déconcertée, sa curiosité tellement piquée qu'il n'y a pas eu d'autre solution que de réunir la famille et de la mettre au courant de mes plans. Tous ont écouté avec un sentiment de joie et de complicité, comme si subitement ils s'étaient retrouvés en train de vivre un de ces films que nous avions l'habitude d'inventer en famille pour nous divertir. Mais quand ils m'ont vu à l'aéroport, dans la peau d'un Uruguayen clérical qui ne me ressemblait guère, ils ont compris que ce film était un drame de la vie réelle, aussi important que périlleux, qui nous arrivait à nous tous. Et pourtant, leur réaction a été unanime.

– Ce qui compte, m'ont-ils dit, c'est que tu mettes un grand bonnet d'âne à Pinochet.

– Promis, ai-je répondu, en calculant la longueur du film que je me préparais à tourner, ce sera un bonnet de trente-deux kilomètres.

Une semaine plus tard, Elena et moi atterrissions à Santiago. Nous avions voyagé sans itinéraire préconçu à travers sept villes d'Europe, afin que je m'habitue à ma nouvelle identité, certifiée par un passeport au-dessus de tout soupçon. En fait, il s'agissait d'un véritable passeport urugayen, mentionnant le nom et les signes particuliers de son titulaire légitime, lequel nous l'avait donné comme une contribution politique, en sachant parfaitement qu'il serait trafiqué et utilisé pour entrer au Chili. Nous avions tout juste remplacé sa photo par la mienne, après ma métamorphose. Tous mes objets personnels avaient été maquillés en fonction du titulaire : le monogramme brodé sur mes chemises, les initiales de mon attaché-case, mes cartes de visite, mon papier à lettres. Au bout de longues heures de pratique, j'avais appris à reproduire sans hésiter sa signature. Le seul problème non résolu, par manque de temps, était celui des cartes de crédit : une dangereuse faille, car il n'était guère vraisemblable qu'un homme comme celui que j'imitais achète durant le voyage plusieurs billets d'avion avec des dollars en espèces.

Malgré les nombreuses incompatibilités qui, dans la vie réelle, nous auraient forcés à divorcer, Elena et moi avions appris en deux jours à nous comporter comme un couple capable de survivre aux pires désastres domestiques. Chacun connaissait par cœur la fausse existence de l'autre, son passé tout aussi faux, ses faux goûts bourgeois, et je ne pense pas que nous aurions commis une grave erreur dans un interrogatoire poussé. Notre histoire tenait parfaitement debout. Nous étions les directeurs d'une entreprise de publicité siégeant à Paris, et notre but était de réaliser, avec une équipe de cinéma, un film de promotion pour un nouveau parfum qui devait être lancé l'automne suivant en Europe. Nous avions choisi le Chili parce que c'était un des rares pays où nous pouvions trouver, à n'importe quelle époque de l'année, les paysages et l'atmosphère des quatre saisons, depuis les plages brûlantes jusqu'aux neiges éternelles. Elena se déplaçait avec une aisance enviable dans ses vêtements européens de luxe, comme si ce n'était pas la même femme que celle qu'on m'avait présentée à Paris, avec ses cheveux flottants, sa jupe écossaise et ses mocassins de collégienne. Moi aussi, je me croyais très à l'aise dans ma nouvelle carapace de chef d'entreprise jusqu'au moment où j'ai vu mon reflet dans une vitrine de l'aéroport de Madrid, en complet sombre, col dur et cravate, et un air de requin industriel qui m'a retourné les tripes. « Quelle horreur! me suis-je dit. Si je n'étais pas moi, je serais pareil à lui. » A ce moment, tout ce qui me restait de mon ancienne identité était un exemplaire à moitié déchiré de *Los Pasos perdidos*[1], le grand roman d'Alejo Carpentier, que je portais dans mon sac, comme à l'occasion de tous

1. *Le Partage des eaux*, Gallimard *(N.d.T.)*.

mes voyages depuis quinze ans, afin de conjurer ma peur incontrôlable de l'avion. Et pourtant, j'ai dû affronter plusieurs comptoirs d'immigration dans divers aéroports du monde pour apprendre à digérer la nervosité du passeport étranger.

La première fois, c'était à Genève : tout s'est passé normalement, mais je sais que je ne l'oublierai jamais de ma vie, car l'employé a examiné mon passeport avec beaucoup d'attention, presque page par page, et finalement il a fixé mon visage pour le comparer avec la photo. Je l'ai regardé dans les yeux, sans respirer, alors que la photo était l'unique chose vraie sur ce passeport. Ce fut un remède de cheval : par la suite, je n'ai plus jamais subi cette sensation de nausée et ce malaise au cœur, jusqu'à ce que la porte de l'avion s'ouvre sur l'aéroport de Santiago, au milieu d'un silence de mort, et que je sente à nouveau, au bout de douze ans, l'air glacial des sommets andins. Sur le fronton de l'édifice, il y avait un énorme écriteau bleu : *Le Chili progresse dans l'ordre et la paix.* J'ai regardé ma montre : il restait moins d'une heure avant le couvre-feu.

2

PREMIÈRE DÉSILLUSION :
LA SPLENDEUR DE LA VILLE

QUAND le fonctionnaire de l'immigration a ouvert mon passeport, j'ai eu la nette impression que, s'il levait les yeux pour me regarder bien en face, il allait se rendre compte de la supercherie. Il y avait trois guichets, tenus par des hommes sans uniforme, et j'avais opté pour le plus jeune employé qui me semblait le plus rapide. Elena s'est placée dans une autre file, comme si nous ne nous connaissions pas, car si l'un de nous rencontrait des difficultés, l'autre pourrait sortir de l'aéroport et donner l'alarme. Cela n'a pas été nécessaire; en effet, les fonctionnaires étaient aussi pressés que les passagers, vu l'imminence du couvre-feu, et à peine regardaient-ils les papiers. Celui qui s'occupait de moi n'a même pas cherché à examiner les visas : il savait que ses voisins uruguayens n'en ont pas besoin. Il a mis le cachet d'entrée sur la première page vierge qu'il a trouvée et, au moment de me rendre le passeport, il m'a fixé dans les yeux avec une attention qui m'a glacé.

– Merci, ai-je dit d'une voix ferme.

Il m'a répondu avec un sourire lumineux :

– Bienvenue.

Les valises arrivaient avec une rapidité qui aurait

semblé insolite dans n'importe quel aéroport du monde, car les douaniers voulaient également rentrer chez eux avant le couvre-feu. J'ai récupéré la mienne. Ensuite, j'ai pris celle d'Elena – puisque nous avions décidé que je sortirais le premier avec les bagages pour gagner du temps – et je les ai portées jusqu'au comptoir du contrôle douanier. Le fonctionnaire, à nouveau, se dépêchait autant que les passagers à sortir en vitesse. Alors que je me disposais à poser les bagages sur le comptoir, il m'a demandé :

– Vous voyagez seul?

Je lui ai répondu que oui. Il a jeté un rapide coup d'œil sur les deux valises et m'a ordonné d'une voix pressante : « Ça va, allez-y. » Mais une fonctionnaire gradée – le cerbère classique, à l'uniforme croisé, blonde et virago – lui a crié dans le fond : « Contrôle celui-là. » Alors seulement je me suis aperçu que je ne pourrais expliquer pourquoi je transportais une valise avec des vêtements de femme. En outre, je ne pouvais concevoir que la douanière n'avait pas fixé son attention sur moi, parmi tant de passagers pressés, pour une raison bien plus grave que l'inspection des valises. Pendant que l'homme fouillait mes affaires, elle m'a demandé mon passeport et l'a examiné attentivement. Je me suis rappelé qu'on nous avait donné un caramel dans l'avion avant le décollage, et je l'ai mis en bouche car je savais qu'on allait m'interroger et je ne me sentais pas très sûr de pouvoir cacher ma véritable identité chilienne sous le mauvais accent uruguayen. La première question est venue de l'homme.

– Vous allez rester plusieurs jours ici, monsieur?

– Le temps qu'il faudra, ai-je dit.

Je ne me suis pas entendu moi-même avec ce

caramel qui m'entravait la bouche, mais lui n'en avait cure. Par contre, il m'a demandé d'ouvrir l'autre valise. Elle était fermée à clef. Ne sachant que faire, j'ai cherché Elena d'un œil angoissé et je l'ai vue, impassible, dans la file d'immigration, ignorant le drame qui se déroulait si près d'elle. Pour la première fois, j'ai compris à quel point elle m'était nécessaire, non seulement dans cet instant précis, mais dans l'ensemble de notre aventure. Elle allait révéler que la valise lui appartenait, sans même songer aux conséquences de ma conduite étourdie, lorsque la douanière m'a restitué mon passeport et a ordonné l'inspection des bagages suivants. Alors, je me suis retourné vers Elena et je ne l'ai plus aperçue.

C'était une situation magique, que nous n'avons toujours pas expliquée : Elena était devenue invisible. Elle m'a confié plus tard qu'elle m'avait vu également dans la file, traînant sa valise, et qu'elle avait pensé que c'était une imprudence, mais qu'elle s'était tranquillisée quand je m'étais éloigné de la douane. J'ai traversé le vestibule presque désert en suivant le porteur jusqu'à la sortie. Là, j'ai souffert le premier choc du retour.

On ne remarquait nulle part les déploiements de force que je croyais trouver – et pas la moindre trace de misère. Il est vrai que nous n'étions pas dans l'énorme et sombre aéroport de Los Cerrillos, où mon exil avait commencé, douze ans plus tôt, par une nuit pluvieuse d'octobre et avec un terrible sentiment de débandade, mais dans l'aérogare moderne de Pudahuel où je n'étais passé qu'une seule fois, en vitesse, avant le coup d'Etat. Pourtant, de toute façon, il ne s'agissait pas d'une impression subjective. Je ne voyais nullement l'appareil répressif auquel je m'attendais, surtout à ce moment-là, étant donné l'état de siège. Tout l'aéroport était propre et lumineux, avec des annonces aux couleurs vives et de grandes boutiques bien garnies en articles d'exportation, et on ne trouvait même pas le gardien habituel pour renseigner charitablement un voyageur égaré. Les taxis qui attendaient n'étaient pas les voitures décrépites d'antan, mais de nouveaux modèles japonais, tous pareils et alignés.

Toutefois, l'heure n'était pas aux réflexions prématurées, car Elena n'arrivait toujours pas, les valises étaient déjà dans le taxi et la montre progressait avec une rapidité vertigineuse vers l'heure du couvre-feu. C'est là qu'un autre doute m'a assailli. D'après la règle dont nous étions convenus, si l'un de nous deux ne pouvait sortir, l'autre poursuivrait son chemin et téléphonerait aux numéros que nous avions prévus en cas d'urgence. Mais il m'était difficile de prendre la décision de partir seul, d'autant plus que nous n'avions pas encore choisi un hôtel. Sur le formulaire d'entrée, j'avais indiqué le *Conquistador*, car c'est un hôtel fréquenté par des hommes d'affaires, donc celui qui correspondait le mieux à notre fausse image de marque. De surcroît, l'équipe italienne y logeait, mais j'ai pensé qu'Elena n'en savait rien.

J'étais sur le point de renoncer à l'attendre, tremblant d'anxiété et de froid, quand je l'ai vue courir vers moi, avec à ses trousses un homme en civil qui agitait un imperméable foncé. Je suis resté pétrifié, me préparant au pire, quand finalement l'homme a rejoint Elena et lui a remis l'imperméable qu'elle avait oublié sur le comptoir de la douane. Une autre raison expliquait son retard : le cerbère avait eu l'attention attirée par le fait qu'elle voyageait sans bagages et avait fouillé minutieusement tout le contenu de son sac à main, depuis les pièces d'identité jusqu'aux produits de beauté.

Bien sûr, les douaniers ne pouvaient imaginer que le petit transistor japonais d'Elena était aussi une arme, puisqu'il nous maintiendrait en contact avec la résistance intérieure au moyen d'une fréquence spéciale. Pourtant, j'étais plus angoissé qu'elle, car je croyais qu'elle avait plus d'une demi-heure de retard; elle m'a montré par la suite qu'il n'était que de six minutes. Le chauffeur du taxi, quant à lui, nous a rassurés tout à fait, en disant qu'il ne restait pas vingt minutes avant le couvre-feu, mais bien une heure vingt : ma montre marquait encore l'heure de Rio de Janeiro. En réalité, il était dix heures quarante, par une nuit dense et glacée.

ET JE SUIS VENU POUR ÇA?

A mesure que nous avancions vers la ville, la joie baignée de larmes que j'avais prévue était peu à peu remplacée par un sentiment d'incertitude. En effet, l'accès à l'ancien aéroport de Los Cerrillos était une vieille route traversant des taudis industriels et des quartiers pauvres, qui ont subi une répression sanglante pendant le coup d'Etat. Par contre, la voie qui mène à l'actuel aéroport international est une autoroute éclairée comme dans les pays les plus développés, et c'était un mauvais début pour quelqu'un comme moi, qui n'étais pas seulement convaincu du fléau de la dictature, mais qui avais besoin de constater ses échecs dans la rue, dans la vie quotidienne, dans la tenue vestimentaire des gens, afin de filmer le désastre et de le divulguer à travers le monde. Mais à chaque mètre que nous parcourions, le cauchemar initial se muait en franche désillusion. Elena m'a avoué plus tard qu'elle aussi avait été décontenancée, alors même qu'elle avait séjourné au Chili plusieurs fois, en de récentes occasions.

On peut dire qu'il y avait de quoi s'étonner. Contrairement à ce qui se racontait dans les milieux d'exilés, Santiago se présentait comme une ville radieuse, avec ses vénérables monuments illuminés et ses rues propres et tranquilles. Les instruments de la répression étaient moins visibles qu'à Paris ou à New York. L'interminable avenue Bernardo O' Higgins s'ouvrait sous nos yeux comme un torrent de lumière, à partir du bâtiment historique de la gare centrale, construite par Gustave Eiffel. Même les petites prostituées qui s'attardaient sur le trottoir opposé étaient moins indigentes et tristes qu'en d'autres temps. Soudain, du côté où j'avais pris place, le palais de la Monnaie a surgi comme un fantôme indésiré. La dernière fois que je l'avais vu, c'était une grosse coquille couverte de cendres. Maintenant, restauré et remis en usage, il semblait une demeure de rêve au fond d'un jardin français.

Les grands symboles de la ville défilaient derrière la vitre. Le Club de l'Union, où les plus grandes momies se réunissaient pour tirer les fils de la politique internationale; les fenêtres éteintes de l'Université, l'église San Francisco, l'imposant palais de la Bibliothèque nationale, les magasins Paris. A côté de moi, Elena s'occupait de la vie pratique, persuadant le chauffeur de nous conduire à l'hôtel *Conquistador,* car il insistait pour que nous descendions dans un autre où, sans doute, il était payé pour amener des clients. Elena le traitait avec beaucoup de tact, sans rien dire ou faire qui aurait pu l'offenser ou l'intriguer, vu que beaucoup de chauffeurs de taxi à Santiago sont des indicateurs. J'étais trop troublé pour intervenir.

Au fur et à mesure que nous approchions du

centre de la ville, j'ai cessé de regarder et d'admirer la splendeur matérielle avec laquelle la dictature essayait d'effacer les traces sanglantes de plus de quarante mille morts, deux mille disparus et un million d'exilés. En revanche, je considérais les gens, qui marchaient d'un pas plus pressé que de coutume, peut-être à cause du couvre-feu qui approchait. Mais ce n'est pas la seule chose qui m'a ému. Les états d'âme se lisaient sur les visages battus par le vent glacé. Personne ne parlait, personne ne regardait dans une direction précise, personne ne gesticulait ni se souriait, nul ne faisait le moindre geste qui aurait pu trahir ses sentiments enfermés dans les sombres manteaux, comme si tous étaient seuls dans une ville inconnue. C'était des visages en blanc, qui ne manifestaient rien. Même pas la peur. Alors mon état d'esprit a commencé à changer, et je n'ai pu résister à la tentation d'abandonner le taxi pour me fondre dans la foule. Elena a formulé toutes sortes d'avertissements raisonnables, mais pas autant qu'elle l'aurait voulu, ni de façon explicite, de peur d'être écoutée par le chauffeur. Pris d'une émotion irrésistible, j'ai fait arrêter le taxi et je suis descendu en claquant la porte.

Je n'ai pas marché plus de deux cents mètres, indifférent à l'imminence du couvre-feu, mais ces premiers pas m'ont suffi pour commencer à retrouver ma ville. J'ai suivi la rue del Estado, la rue Huérfanos, puis tout un secteur interdit au trafic pour le bonheur des piétons, comme la rue Florida à Buenos Aires, la Via Condotti à Rome, la place Beaubourg à Paris, la Zona Rosa à Mexico. C'était une autre bonne initiative de la dictature, mais, malgré les bancs publics pour bavarder, malgré les lumières joyeuses, malgré les parterres de fleurs bien entretenus, ici la réalité devenait transparente.

Les rares groupes qui discutaient aux coins des rues le faisaient à voix très basse, pour ne pas être entendus par l'oreille omniprésente de la tyrannie; il y avait des vendeurs de toutes les babioles que l'on peut concevoir, et beaucoup d'enfants tendaient la main aux passants. Pourtant, ce qui a le plus retenu mon attention, c'était les prédicateurs évangéliques qui tentaient de vendre la formule du bonheur éternel à qui voulait les entendre. Soudain, au détour d'une rue, je me suis trouvé nez à nez avec le premier carabinier que je voyais depuis mon arrivée. Il se promenait très calmement d'un bout à l'autre du trottoir, et il y en avait d'autres dans un poste de surveillance au coin de la rue Huérfanos. J'ai senti un vide dans l'estomac, et mes genoux ont commencé à flancher. J'étais enragé à la seule idée que j'allais me sentir dans le même état chaque fois que je verrais un carabinier. Mais j'ai bientôt compris qu'ils étaient tendus, eux aussi, surveillant les passants d'un œil anxieux, et l'impression qu'ils donnaient d'avoir plus peur que moi m'a réconforté. Ils ne manquaient pas de raisons d'être inquiets. Peu de jours après mon voyage au Chili, la résistance intérieure a fait sauter ce poste à la dynamite.

AU CŒUR DE MES NOSTALGIES

Là étaient les clefs du passé. Là se trouvait l'édifice mémorable de l'ancienne Chaîne de Télévision et du Département Audiovisuel, où j'avais commencé ma carrière de cinéaste. Là se trouvait l'Ecole de Théâtre, où j'étais arrivé à dix-sept ans, venant de mon village de province, pour passer un examen d'admission qui fut déterminant dans ma vie. Là encore nous organisions les rassemblements politiques de l'Unité Populaire. C'était là que j'avais vécu mes années les plus difficiles et décisives. Je suis passé par le cinéma City, où j'ai vu pour la première fois les chefs-d'œuvre qui exaltent encore ma vocation et, parmi eux, le moins oubliable de tous : *Hiroshima mon amour*. Subitement quelqu'un est passé en chantant la célèbre chanson de Pablo Milanés : *Je foulerai à nouveau les rues de ce qui fut Santiago sanglant*. Ce hasard était si bouleversant que j'en ai eu la gorge nouée. Ebranlé jusqu'aux os, j'ai oublié l'heure, j'ai oublié mon identité, ma condition clandestine, et pour un instant je suis redevenu moi-même et personne d'autre dans ma ville retrouvée, et j'ai dû résister à l'impulsion irrationnelle de me faire connaître en criant mon nom de toutes mes forces, et d'affronter qui que ce soit, fort de mon droit d'être chez moi.

Je suis rentré à l'hôtel en pleurant. L'heure du couvre-feu était sur le point de sonner et le portier a dû m'ouvrir la porte qu'il venait de fermer. Elena avait rempli les formalités à la réception et elle était déjà dans la chambre, baissant l'antenne de la radio portative. Elle paraissait tranquille mais, quand elle m'a vu entrer, elle a explosé comme une épouse exemplaire. Elle ne pouvait concevoir que j'aie couru le risque gratuit de marcher seul dans les rues jusqu'à l'instant même du couvre-feu. Mais je n'étais pas disposé à entendre des sermons et je me suis comporté à mon tour comme un mari exemplaire. Je suis sorti en claquant la porte et j'ai cherché l'équipe italienne qui occupait le même hôtel.

J'ai frappé à la chambre 306, deux étages plus

bas que le nôtre, en me préparant à éviter toute erreur dans le long mot de passe que j'avais mis au point à Rome avec la directrice de l'équipe, deux mois plus tôt. Une voix à moitié endormie – la chaude voix de Grazia, que j'aurais reconnue entre mille, m'a demandé :

– Qui est là ?

– Gabriel.

– Mais encore ? a-t-elle continué.

– Les Archanges, ai-je dit.

– Saint Georges et saint Michel ?

Sa voix, au lieu de s'apaiser devant la certitude des réponses, se faisait chaque fois plus tremblante. C'était bizarre, car elle devait aussi connaître ma voix, depuis nos longues conversations en Italie, et pourtant elle a prolongé la récitation du mot de passe au-delà des archanges.

– Sarco, a-t-elle dit.

C'était le nom du personnage du film que je n'ai pas réalisé à San Sebastián – *Voyageur des quatre saisons* – et j'ai répondu en donnant le prénom :

– Nicolas.

Grazia – journaliste aguerrie dans les missions difficiles – ne s'est pas contentée d'autant de preuves :

– Combien de pieds de film ?

Alors j'ai compris qu'il faudrait poursuivre le mot de passe jusqu'à la fin – qui était lointaine – et j'ai eu peur que ce jeu suspect ne soit écouté dans les chambres voisines.

– Ça suffit, ouvre la porte, ai-je dit.

Mais elle – avec une rigueur qui n'allait pas se démentir pendant les jours suivants – n'a consenti à ouvrir qu'à la fin du mot de passe. « Maudite soit-elle », me suis-je dit, en pensant non seulement à Elena, mais encore à Ely. « Toutes pareilles. » Et j'ai continué à répondre au questionnaire. Or, s'il y a bien une chose que je déteste dans la vie, c'est la soumission des maris dressés. Quand nous sommes arrivés aux derniers mots, la Grazia juvénile et enchanteresse que j'avais connue en Italie m'a ouvert la porte sans réserves, m'a regardé comme si j'étais un fantôme et, terrorisée, s'est barricadée à nouveau. Elle devait me dire plus tard : « Je t'ai vu comme quelqu'un que j'aurais déjà connu auparavant, mais sans plus savoir qui c'était. » Tout cela était compréhensible. En Italie, elle avait rencontré un Miguel Littín plutôt négligé, portant la barbe, sans lunettes et habillé n'importe comment; maintenant, l'homme qui frappait à sa porte était chauve, myope, bien rasé, vêtu comme un gérant de banque.

– N'aie pas peur, lui ai-je dit. C'est moi, Miguel.

Après m'avoir examiné avec attention et alors même qu'elle m'avait laissé entrer, elle a continué à me regarder avec une certaine réticence. Avant de me saluer, elle avait mis la radio à fond pour que notre conversation ne soit pas écoutée dans les chambres voisines, ni enregistrée par des micros dissimulés. Elle était tranquille à présent. Elle était arrivée une semaine plus tôt, avec son équipe de trois personnes, et elle avait déjà les permis et les certificats indispensables pour son travail, grâce aux bons offices de son ambassade, dont les fonctionnaires ignoraient, bien entendu, le véritable dessein de l'équipe. Plus encore : celle-ci avait déjà commencé à filmer les hauts fonctionnaires du régime qui, quelques jours auparavant, assistaient à une représentation de gala de *Madame Butterfly*, offerte par l'ambassade italienne au Théâtre Municipal. Le général Pinochet avait été invité, mais s'était excusé à la dernière minute. Néanmoins, la présence de l'équipe italienne à la soirée de gala était très importante pour nous, car elle rendait officielle sa venue à Santiago. Désormais, elle pourrait opérer dans les rues sans éveiller le moindre soupçon. D'autre part, la permission de filmer dans les murs du palais de la Monnaie était déjà en voie d'être accordée, et ceux qui l'avaient sollicitée avaient obtenu la garantie qu'il n'y aurait aucun obstacle.

La nouvelle m'a rempli d'un tel enthousiasme que j'ai voulu commencer à travailler sur-le-champ. S'il n'y avait pas eu le couvre-feu, j'aurais demandé à Grazia d'éveiller le reste de l'équipe, afin de laisser un témoignage de ma première nuit de retour. Nous avons élaboré des plans concrets pour filmer dès la première heure, mais nous sommes tombés d'accord sur le fait que les autres membres de l'équipe ne devaient pas connaître le programme à l'avance et devaient penser que Grazia les dirigeait. Celle-ci, de son côté, ne saurait jamais durant les opérations que deux autres équipes travaillaient sur le même film. Nous avions beaucoup avancé, en buvant des gorgées de grappa, cette eau-de-vie à feu vif qu'elle emportait toujours avec elle, comme une amulette, quand le téléphone a sonné. Nous avons sursauté en même temps, Grazia a saisi le combiné à la volée, elle a écouté un instant puis raccroché. On nous demandait à la réception de baisser le volume de la radio car un client des chambres voisines venait de se plaindre.

UN SILENCE EFFROYABLE POUR SE SOUVENIR

C'était trop d'émotions pour un seul jour. Quand je suis rentré dans ma chambre, Elena voguait dans un sommeil paisible, mais elle n'avait pas éteint ma lampe de chevet. Je me suis déshabillé sans bruit, me préparant à dormir ainsi que Dieu l'ordonne, mais c'était impossible. Aussitôt couché, j'ai pris conscience du silence effroyable du couvre-feu. Je ne puis imaginer pareil silence au monde. Un silence qui m'oppressait, et de plus en plus, et qui n'en finissait jamais. Pas un seul bruit dans la grande ville sans lumière. Ni le bruit de l'eau dans les conduites, ni la respiration d'Elena, ni les propres bruits de mon corps.

Je me suis levé, très agité, et me suis penché par la fenêtre, essayant de respirer l'air libre de la rue, tâchant de voir la ville déserte, mais réelle. Jamais je ne l'avais trouvée aussi triste et solitaire depuis que j'étais arrivé pour la première fois, dans les temps incertains de mon adolescence. La fenêtre était au cinquième étage, elle donnait sur une impasse aux grands murs noircis au-dessus desquels on apercevait un lambeau de ciel à travers un brouillard cendré. Je ne me sentais pas dans mon pays, pas même dans la vie réelle, mais comme un criminel encerclé dans un de ces vieux films hivernaux de Marcel Carné.

Douze ans plus tôt, à sept heures du matin, un sergent à la tête d'une patrouille avait lâché au-dessus de ma tête une rafale de mitraillette, et m'avait ordonné de me joindre au groupe de prisonniers que l'on emmenait vers l'édifice des Films Chili où je travaillais. La ville entière tremblait sous les charges de dynamite, les coups de feu, les avions de combat qui volaient en rase-mottes. Le sergent qui m'avait arrêté était tellement choqué qu'il m'a demandé ce qui se passait. « Nous, nous sommes neutres », disait-il. Mais je n'ai jamais su pourquoi il le disait ni ce que signifiait ce pluriel. Alors que nous étions seuls un instant, il m'a demandé :

– C'est vous qui avez fait *Le Chacal de Nahualtoro*?

J'ai répondu oui, et il a semblé tout oublier, les détonations, la dynamite, les bombes incendiaires sur le palais présidentiel, et il m'a demandé de lui expliquer comment il se faisait que les faux morts des films perdent du sang par leurs blessures. Je lui ai expliqué et il a semblé fasciné. Mais, presque aussitôt, il est revenu à la réalité.

– Ne vous retournez pas, nous a-t-il crié, ou je vous fais sauter la tête.

Nous aurions pu croire à un jeu si, quelques minutes auparavant, nous n'avions vu les premiers morts dans la rue, un blessé saignant sur le trottoir sans personne pour l'aider, des bandes de civils achevant à coups de bâton des partisans du président Salvador Allende. Nous avions aperçu un groupe de prisonniers contre un mur, et un peloton de soldats faisant mine de les fusiller. Mais les mêmes soldats qui nous conduisaient nous demandaient ce qui arrivait et insistaient : « Nous, nous sommes neutres. » La confusion et le vacarme étaient affolants.

Le bâtiment des Films Chili était entouré de soldats avec des mitrailleuses posées sur des trépieds et pointées vers l'entrée principale. Un portier au béret noir, portant l'insigne du parti socialiste, est sorti à notre rencontre.

– Ah! a-t-il crié en me désignant, ce monsieur, monsieur Littín, est responsable de tout.

Le sergent lui a donné une bourrade qui l'a jeté par terre.

– Allez vous faire foutre, a-t-il crié. Ne faites pas la lope.

Le portier s'est mis à quatre pattes, terrorisé, et m'a dit :

– Vous ne prenez pas un petit café, monsieur Luttín? Un petit café?

Le sergent m'a demandé de téléphoner pour savoir ce qui se passait. J'ai essayé, mais sans obtenir aucune communication. A chaque instant, un officier entrait pour donner un ordre, suivi d'un autre qui ordonnait le contraire : que nous pouvions fumer, que nous ne pouvions pas, que nous pouvions nous asseoir, que nous devions rester debout. Au bout d'une demi-heure, un soldat très jeune est arrivé et m'a désigné de son fusil.

– Ecoutez, sergent, a-t-il dit, il y a là une femme blonde qui demande après ce monsieur.

C'était Ely, sans doute. Le sergent est sorti pour parler avec elle. Entre-temps, les soldats nous ont raconté qu'on les avait fait lever dès l'aube, qu'ils n'avaient pas déjeuné, qu'ils avaient reçu l'ordre de ne rien accepter, qu'ils avaient froid, qu'ils avaient faim. La seule chose qui nous pouvions faire était de leur laisser nos cigarettes.

Nous en étions là lorsque le sergent est revenu avec un lieutenant qui a commencé à relever l'identité des prisonniers avant de les conduire au stade. Quand mon tour est arrivé, le sergent ne m'a pas laissé le temps de répondre.

– Non, mon lieutenant, a-t-il dit à son officier, ce monsieur n'a rien à voir dans tout ça, il est venu ici pour déposer plainte car des voisins ont détruit sa voiture.

Le lieutenant m'a regardé, perplexe.

– Comment peut-on être assez con pour réclamer quoi que ce soit en ce moment? s'est-il exclamé. Envoyez-le promener!

Je me suis mis à courir, persuadé qu'on allait me tirer dans le dos, avec l'éternel prétexte du délit de fuite. Il n'en a rien été. Ely, à qui un ami avait dit qu'on m'avait fusillé devant les Films Chili, venait rechercher mon corps. Dans la rue, beaucoup de maisons arboraient des drapeaux : c'était le signal convenu pour que les militaires reconnaissent leurs partisans. Par ailleurs, nous avions été dénoncés par une voisine qui n'ignorait pas nos relations avec le gouvernement, ma participation enthousiaste à la campagne présidentielle d'Allende, les réunions qui se tenaient chez moi alors que le coup d'Etat devenait imminent. Aussi n'avons-nous pu rentrer à la maison; nous avons déménagé sans cesse pendant un mois avec les trois enfants et le strict nécessaire, fuyant la mort qui nous talonnait, jusqu'à ce que le cercle devienne tellement asphyxiant qu'il nous pousse de force dans le tunnel de l'exil.

3

CEUX QUI SONT RESTÉS SONT TOUT AUSSI EXILÉS

A HUIT heures du matin, j'ai demandé à Elena de téléphoner à un numéro que j'étais seul à connaître et d'appeler quelqu'un que je préfère désigner sous un faux nom : Franquie. Il a répondu lui-même; alors, sans autre explication, elle lui a dit de la part de Gabriel de se rendre à la chambre 501 de l'hôtel *Conquistador*. Il est arrivé en moins d'une demi-heure. Elena était déjà prête à sortir, moi j'étais resté au lit et, quand j'ai entendu frapper à la porte, je me suis caché entièrement sous les draps. En vérité, Franquie ne savait nullement qui l'attendait, car un accord stipulait que toute personne qui l'appellerait en utilisant le nom de Gabriel était envoyée par moi. Les derniers jours, il avait été contacté par trois Gabriel qui dirigeaient les équipes de tournage, dont Elena, et il ne pouvait même pas soupçonner que ce nouveau Gabriel n'était autre que moi.

Nous étions amis depuis bien avant l'Unité Populaire, nous avions travaillé ensemble à mes premiers films, nous nous étions rencontrés à l'occasion de plusieurs festivals de cinéma, et nous nous étions vus, la dernière fois, un an plus tôt au Mexique. Mais quand il a vu mon visage, il ne m'a pas reconnu, jusqu'à ce que j'éclate de rire – et mon rire ne peut être confondu. Cela m'a donné une plus grande confiance dans ma nouvelle physionomie.

J'avais recruté Franquie à la fin de l'année précédente. C'est lui qui était chargé de recevoir séparément et de distribuer les instructions préliminaires aux équipes de tournage, ainsi que de conclure une série d'accords de base qui faciliteraient notre travail, sans interférer avec la tâche d'Elena. Il avait un dossier limpide : Chilien, il s'était exilé de lui-même à Caracas après le coup d'Etat, sans la moindre charge contre lui, et il avait accompli depuis lors de nombreuses missions illégales à l'intérieur du pays, où il circulait avec une entière liberté et sous une couverture sans faille. Sa popularité dans le milieu du cinéma, nourrie par sa sympathie, son imagination et son audace, faisaient de lui l'associé idéal dans cette aventure. Je ne me suis pas trompé. En accord avec moi, il était rentré seul sur le territoire chilien venant du Pérou, une semaine avant d'accueillir les trois équipes et de coordonner leurs activités. Elles travaillaient d'ores et déjà.

L'équipe française était dans le nord du pays, filmant depuis Arica jusqu'à Valparaíso, selon un plan minutieux que son directeur et moi avions mis au point à Paris. L'équipe hollandaise faisait de même dans le sud. La troisième, l'italienne, resterait à Santiago, œuvrant sous ma propre direction, prête en outre à intervenir en cas d'événement imprévu. Les trois équipes avaient pour consigne d'interroger les gens à propos de Salvador Allende chaque fois qu'elles en auraient l'occasion, sans courir de risques ni éveiller de soupçons, car nous pensions que le président martyr était le meilleur point de référence pour évaluer le sentiment de chaque Chilien face à la situation actuelle du pays et à ses possibilités futures.

Franquie connaissait l'itinéraire précis de chaque équipe, de telle sorte qu'il pouvait communiquer avec elles à tout moment. Je pouvais ainsi leur donner des instructions personnelles par téléphone. Pour plus de sécurité, Franquie serait mon chauffeur, dans une voiture de location dont nous changerions tous les trois ou quatre jours, dans des agences différentes. Pendant tout le temps du tournage, nous nous sommes rarement séparés.

TROIS DÉCAPITÉS RENVERSENT UN GÉNÉRAL

Nous avons commencé à travailler à neuf heures du matin. La place d'Armes, à quelques rues de l'hôtel, était plus émouvante en réalité que dans mes souvenirs, sous le soleil pâle et tiède que filtraient les grands arbres. Les fleurs habituelles, renouvelées chaque semaine, me semblaient plus fraîches et plus lumineuses que jamais. Une heure plus tôt, l'équipe italienne avait commencé à filmer la routine matinale : les retraités qui lisaient le journal sur les bancs, les vieux qui donnaient à manger aux pigeons, les camelots, les photographes avec leurs appareils anachroniques à soufflet noir, les dessinateurs qui faisaient des caricatures en trois minutes, les cireurs de chaussures soupçonnés de servir d'indicateurs, les enfants avec leurs ballons de couleurs devant les marchands ambulants de crème glacée, les gens qui sortaient de la cathédrale. Dans un coin de la place, on voyait le groupe sempiternel d'artistes qui attendaient d'être embauchés pour des fêtes imprévues : musiciens connus, magiciens et clowns, travestis aux vêtements et aux maquillages extravagants dont il était impossible de déterminer le sexe. Contrairement à la soirée précédente, on voyait par cette belle matinée plusieurs patrouilles de carabiniers attentifs et bien armés. Leurs véhicules, équipés de puissants appareils, diffusaient à tue-tête des chansons à la mode.

J'ai découvert plus tard que la discrétion de la force publique dans les rues était une pure illusion de nouveau venu. A toute heure, il y a des patrouilles de choc cachées dans les principales stations de métro, et des autopompes à haute pression dans les rues latérales, prêtes à réprimer brutalement toute tentative de protestation. La surveillance est plus intense sur la place d'Armes, centre névralgique de Santiago, où se trouve le siège du vicariat de la Solidarité, un bastion important contre la dictature protégé par le cardinal Silva Henríquez, fort de l'appui non seulement des catholiques, mais de tous ceux qui luttent pour le retour de la démocratie au Chili. Cela lui a conféré une autorité morale difficile à contester, et le vaste patio ensoleillé de sa maison coloniale semble à tout moment une place de marché. C'est là que trouvent refuge et protection les pourchassés de toute espèce, et c'est une des meilleures voies pour aider ceux qui en ont besoin, avec l'assurance que cette aide arrivera à bon port, tout spécialement aux prisonniers politiques et à leurs familles. C'est également là que sont dénoncées les tortures et que se préparent les campagnes pour les disparus et contre toutes sortes d'injustices.

Quelques mois avant mon entrée clandestine, la dictature a lancé contre le vicariat un défi sanglant qui s'est retourné contre la Junte militaire et a mis sa stabilité en péril. En effet, à la fin du mois de février 1985, trois militants de l'opposition ont été arrêtés avec un déploiement de forces dont l'origine ne laissait aucun doute. Le sociologue José Manuel Parada, fonctionnaire du vicariat, a été appréhendé en présence de ses jeunes enfants face à l'école qu'ils fréquentaient, alors que le trafic était paralysé par la police à trois rues à la ronde et le secteur contrôlé par des hélicoptères militaires. Les deux autres militants ont été arrêtés dans des lieux différents, à quelques heures de distance. L'un était Manuel Guerrero, dirigeant de l'Association Corporative de l'Education au Chili, l'autre Santiago Nattino, un dessinateur graphiste jouissant d'un grand prestige professionnel, et dont on ignorait jusque-là qu'il militait activement. A la stupeur nationale, les trois cadavres décapités et montrant les traces de sévices barbares, ont été retrouvés le 2 mars 1985 sur un chemin écarté, près de l'aéroport international de Santiago. Le général César Mendoza Durán, commandant du corps de carabiniers et membre de la Junte au pouvoir, a déclaré à la presse que ce triple crime était le résultat des luttes intestines des communistes, manipulés depuis Moscou. Mais la réaction nationale a dissipé le mensonge, et le général Mendoza Durán, considéré par l'opinion publique comme le promoteur du massacre, a dû quitter le gouvernement. Depuis lors, le nom de la rue del Puente, une des quatre qui aboutissent sur la place d'Armes, a été effacé sur les plaques par des mains inconnues, et on peut lire aujourd'hui : rue José-Manuel-Parada.

« JE VOUS FÉLICITE D'ÊTRE URUGUAYEN »

Le malaise provoqué par ce drame sauvage était encore dans l'air le matin où Franquie et moi sommes arrivés sur la place d'Armes comme deux passants ordinaires. J'ai vu que l'équipe de tournage était en place – là où Grazia et moi l'avions décidé – et que mon amie italienne avait remarqué notre présence. Mais, sur le moment, je n'ai donné aucun ordre au cameraman. Puis Franquie s'est séparé de moi et j'ai assumé personnellement la direction du tournage, en suivant la méthode que j'avais établie avec les responsables des trois équipes. J'ai d'abord effectué un parcours préliminaire des rues pavées, m'arrêtant en différents lieux pour montrer à Grazia où et comment il faudrait filmer quand je répéterais l'itinéraire. Pour l'instant, ni elle ni moi ne devions chercher le moindre détail qui rendrait évident le régime répressif latent dans les rues. Ce matin-là, il s'agissait uniquement de capter l'atmosphère d'un jour ordinaire, avec pour objectif particulier le comportement des gens qui, comme la veille, me semblaient beaucoup moins communicatifs qu'en d'autres temps. Ils marchaient plus vite, s'intéressant à peine à ce qui se passait alentour, et ceux qui discutaient le faisaient avec un air secret et sans accentuer les mots avec des gestes, comme je croyais me rappeler que le faisaient les Chiliens de naguère et comme le faisaient encore ceux de l'exil. Moi, je marchais parmi les groupes, avec en poche un magnétophone miniature, très sensible, afin de saisir des bribes de conversations qui me serviraient à mieux effectuer le montage non seulement de cette première journée, mais de l'ensemble du film.

Après avoir signalé les points du tournage, je me suis assis pour écrire mes notes à côté d'une dame qui prenait le soleil sur un des bancs de la place, dont les traverses peintes en vert étaient remplies de noms et de cœurs gravés au couteau par plusieurs générations d'amoureux. Comme j'oublie toujours mon carnet de notes, j'écrivais au dos des paquets de Gitanes dont j'avais acheté une bonne provision à Paris. J'ai fait de même tout au long du tournage et, bien que je n'aie pas conservé les paquets dans ce but, les notes prises ainsi m'ont servi de journal de bord pour reconstituer dans ce livre les détails du voyage.

J'étais en train d'écrire ce matin-là sur la place d'Armes quand j'ai remarqué que la dame assise à mes côtés me regardait à la dérobée. Elle était d'un âge serein, vêtue à la manière désuète de la classe moyenne modeste, avec un chapeau très usé et un manteau au col de fourrure. Je ne comprenais pas ce qu'elle faisait là, seule et taciturne, sans rien fixer de précis, insensible aux pigeons qui voltigeaient au-dessus de nos têtes et nous picoraient le bout des chaussures. Et je n'aurais jamais compris si elle ne m'avait expliqué par la suite qu'elle avait pris froid pendant la messe et qu'elle voulait se réchauffer un peu au soleil avant de descendre dans le métro. Feignant de lire le journal, j'ai remarqué qu'elle m'examinait de la tête aux pieds, sans doute parce que mes vêtements étaient moins courants que ceux des passants habituels à cet endroit. Je lui ai souri, et elle m'a demandé d'où je venais. Alors j'ai mis le magnétophone en marche, d'une pression imperceptible sur un bouton de ma chemise.

– Je suis uruguayen, lui ai-je dit.

– Ah, je vous félicite de la chance que vous avez dans votre pays.

Elle faisait allusion au retour du système électoral en Uruguay, et elle en parlait avec une tendre nostalgie de son propre passé. Moi, je faisais le distrait, essayant de la rendre plus explicite, mais je n'ai pas réussi à obtenir la moindre confidence sur sa situation. Pourtant, elle m'a parlé sans réserves du manque de libertés individuelles et des drames du chômage au Chili. A un moment donné, elle m'a montré les bancs occupés par des gens sans travail, les clowns, les musiciens, les travestis, toujours plus nombreux.

– Regardez ces gens, m'a-t-elle dit, ils passent des jours entiers à attendre de l'aide car ils sont sans rien. La faim existe dans ce pays.

Je l'ai laissée parler. Puis j'ai commencé le second parcours de la place quand j'ai calculé qu'une demi-heure s'était écoulée depuis le premier. Alors Grazia a donné l'ordre au cameraman de filmer, sans s'approcher de moi et sans attirer l'attention des carabiniers. Mais le problème était tout le contraire : c'était moi qui ne perdais pas de vue les policiers, car ils continuaient à me fasciner d'une manière presque irrésistible.

Bien que les marchands ambulants aient toujours existé au Chili, je ne me rappelais pas en avoir jamais vu autant. Il est difficile de concevoir un endroit du centre commercial où on ne les trouve pas en longues files silencieuses. Ils vendent de tout et ils sont si nombreux et différents que leur seule présence trahit tout un drame social. A côté d'un médecin réduit à rien, d'un ingénieur mis à pied ou d'une dame aux airs de marquise, qui bradent leurs vêtements des temps meilleurs, il y a des enfants abandonnés présentant des objets volés, ou d'humbles femmes essayant de vendre des pains rassis. Mais la majorité des bourgeois en détresse ont renoncé à tout sauf à la dignité. Derrière leurs étalages de bric-à-brac, ils continuent à s'habiller comme dans leurs bureaux prospères de jadis. Un chauffeur de taxi, ex-marchand de tissus, m'a promené plusieurs heures à travers la moitié de la ville et, finalement, s'est refusé à toucher le prix de la course.

Tandis que le cameraman filmait l'atmosphère de la place, je marchais parmi les gens et enregistrais des fragments de dialogue qui devaient me servir par la suite à écrire le commentaire des images, tout en veillant à ce que l'on ne puisse identifier personne sur l'écran. Postée à un autre angle, Grazia m'observait attentivement, et je faisais de même. Elle suivait mes instructions : commencer les prises de vue par les édifices les plus élevés, puis descendre peu à peu, déplacer la caméra vers les côtés et terminer en filmant les carabiniers. Nous voulions capter la tension de leurs visages, d'autant plus manifeste à mesure que croissais l'animation à l'approche de midi. Mais ils ont vite aperçu la trajectoire de la caméra, ont senti qu'on les observait et ont exigé que Grazia leur laisse voir son permis de filmer en extérieur. Elle s'est exécutée, j'ai vu la rapidité avec laquelle l'agent s'est montré satisfait et, soulagé, j'ai continué mon parcours. J'ai appris par la suite que le carabinier avait demandé à Grazia de ne pas le filmer, mais il était resté sans argument lorsque celle-ci lui avait répliqué que cette exception ne figurait pas sur le permis, et elle avait invoqué sa condition d'Italienne pour ne pas accepter des ordres inconsidérés. Le fait m'a intéressé car il démontrait qu'une équipe européenne jouissait au Chili des avantages que nous avions prévus.

CEUX QUI RESTENT SONT TOUT AUSSI EXILÉS

Les carabiniers étaient devenus chez moi une obsession. Je suis passé plusieurs fois tout près d'eux, cherchant une occasion de bavarder. Soudain, mû par une impulsion irrésistible, je me suis approché de la patrouille et j'ai commencé à poser des questions sur l'édifice colonial de la Mairie touché par le tremblement de terre du mois de mars précédent, et que l'on reconstruisait. L'agent qui m'a répondu le faisait sans me regarder, car il ne perdait de vue aucun détail de ce qui se passait sur la place. Son compagnon avait la même attitude, mais de temps à autre il me regardait du coin de l'œil avec une impatience croissante, car il constatait peu à peu la sottise délibérée de mes questions. Finalement, il m'a regardé en face avec une mine redoutable et m'a ordonné :

– Circulez !

Mais moi j'avais rompu le maléfice, et l'inquiétude qu'ils causaient en moi s'était transformée en une certaine ivresse. Au lieu de lui obéir, j'ai entrepris de lui donner une leçon sur le comportement que la police devait adopter devant la curiosité d'un étranger pacifique. Tout cela sans m'apercevoir que mon faux accent uruguayen ne supportait pas une aussi rude épreuve. Le carabinier a fini par se lasser de mon discours civique et m'a demandé mes papiers.

Je n'ai sans doute pas subi un tel accès de terreur pendant le reste du voyage. J'ai pensé à tout : gagner du temps, résister, voire m'enfuir à toute vitesse sans ignorer que je serais rattrapé. J'ai songé à Elena, qui était Dieu sait où à cette heure, et ma seule petite lueur lointaine était que le cameraman continue à tout filmer et que cette preuve irréfutable de ma capture soit divulguée à l'étranger. En outre, Franquie n'était pas loin et, le connaissant comme je le connaissais, j'étais certain qu'il ne m'avait pas perdu de vue. La solution la plus facile, bien entendu, était de montrer mon passeport qui avait fait ses preuves dans plusieurs aéroports. Mais je craignais d'être fouillé, car c'est seulement alors que je me suis souvenu d'une erreur mortelle que je traînais avec moi. Le passeport se trouvait dans le même portefeuille que ma véritable carte d'identité chilienne, laissée là par négligence, ainsi qu'une carte de crédit à mon vrai nom. Mais comme il n'y avait pas d'autre remède que de courir le risque le moins grave, j'ai sorti le passeport. Peu sûr, lui aussi, de ce qu'il devait faire, le carabinier a jeté un coup d'œil sur la photo et m'a restitué les papiers d'un geste moins rude.

– Qu'est-ce que vous voulez savoir sur l'édifice ? m'a-t-il demandé.

J'ai respiré à pleins poumons.

– Rien, ai-je dit. C'était pour rire.

Et cet incident m'a guéri pour la suite du voyage de ma peur des carabiniers. Depuis lors, je les ai vus aussi naturellement que le font les Chiliens dans la légalité, et même les clandestins – qui sont nombreux. Plus encore : je leur ai demandé, à deux ou trois reprises, des petits services qu'ils m'ont toujours rendus de bon gré, y compris de me guider jusqu'à l'aéroport avec une voiture de patrouille, pour que je puisse prendre un vol international quelques minutes avant que la police ne découvre ma présence à Santiago. Elena n'a pu comprendre que l'on défie la police pour soulager la tension, si bien que nos relations de travail, qui accusaient déjà plusieurs dangereuses crevasses, ont commencé à se détériorer.

Nul plus que moi ne s'est reproché cette imprudence, et bien avant que Grazia ou quiconque ne m'en fasse la remarque. Aussitôt que le carabinier m'a rendu le passeport, j'ai fait le signal convenu à Grazia pour que l'on arrête le tournage. Franquie, de son côté, qui avait assisté à la scène avec autant d'anxiété que moi, s'est empressé de me rejoindre, mais je lui ai demandé de me reprendre à l'hôtel après le déjeuner. Je voulais être seul.

Je me suis assis sur un banc pour lire la presse du jour, mais je passais les lignes sans les voir, tant mon émotion était grande de me retrouver là-bas, dans ce transparent matin d'automne. Je ne pouvais me concentrer. Soudain a retenti le coup de canon marquant midi, les pigeons épouvantés se sont envolés et les carillons de la cathédrale ont déroulé dans l'air les notes de la chanson la plus émouvante de Violeta Parra : *Merci à la vie.* C'était plus que je ne pouvais supporter. J'ai pensé à Violeta, à sa faim et à ses nuits sans toit à Paris, j'ai pensé à sa dignité à toute épreuve, j'ai pensé qu'il y a toujours eu un système pour la nier, qui n'a jamais compris ses chansons et s'est moqué de sa rébellion. Un président glorieux avait dû mourir en se battant l'arme au poing, et le Chili avait dû souffrir le martyre le plus sanglant de son histoire, et Violeta Parra elle-même avait dû mourir de sa propre main pour que sa patrie découvre les profondes vérités humaines et la beauté de son chant. Même les carabiniers l'écoutaient avec dévotion sans savoir le moins du monde qui elle était, ni ce qu'elle pensait, ni pourquoi elle chantait au lieu de pleurer, ni combien elle les aurait détestés si elle avait pu être là et endurer le miracle de cet automne splendide.

Avide de reconquérir le passé pied à pied, je me suis rendu seul dans une auberge de la ville haute ou Ely et moi avions l'habitude de déjeuner quand nous étions fiancés. Le lieu était identique, à l'air libre, avec les tables sous les peupliers et beaucoup de fleurs gigantesques, mais il donnait l'impression de quelque chose qui avait cessé d'être depuis longtemps. Pas une âme. J'ai dû réclamer pour que l'on me serve, et attendre presque une heure pour voir arriver un bon morceau de viande rôtie. J'étais sur le point d'achever le repas lorsqu'un couple est entré, que je n'avais plus vu depuis qu'Ely et moi étions des clients assidus. Lui s'appelait Ernesto, plus connu sous le nom de *Neto,* et elle se nommait Elvira. Ils tenaient une sombre boutique à quelques rues de là, où ils vendaient des estampes et des médailles de saints, des chapelets et des reliquaires, des ornements funéraires. Mais ils ne ressemblaient pas à leur commerce : ils étaient d'un naturel moqueur et d'un esprit ouvert et, certains samedis des temps meilleurs, nous avions coutume de nous attarder longuement là-bas, buvant du vin et jouant aux cartes. En les voyant entrer main dans la main, comme toujours, j'ai été surpris non seulement par leur fidélité au même lieu après tant de bouleversements dans le monde, mais en constatant combien ils avaient vieilli. Ils ne m'avaient pas laissé le souvenir d'un couple conventionnel, mais bien de deux éternels fiancés, fins et enthousiastes, et maintenant ils semblaient deux vieux gros mélancoliques. C'était comme un miroir où j'ai soudain vu ma propre vieillesse. S'ils m'avaient reconnu, ils auraient sans doute été frappés de la même stupeur, mais j'étais protégé par mon scaphandre de riche Uruguayen. Ils ont mangé à une table voisine, en discutant à voix haute, mais sans les élans de jadis. Parfois, ils me regardaient avec curiosité et sans soupçonner le moins du monde que nous avions été heureux autour du même couvert. C'est seulement alors que j'ai compris combien les années d'exil étaient longues et destructrices. Et pas seulement pour nous qui sommes partis, comme je l'avais cru jusque-là, mais pour les autres : ceux qui sont restés.

4

LES CINQ POINTS CARDINAUX DE SANTIAGO

Nous avons encore filmé à Santiago pendant cinq jours, le temps suffisant pour éprouver la valeur de notre système. Je gardais le contact téléphonique avec l'équipe française, dans le nord, et avec l'équipe hollandaise, dans le sud. Les démarches d'Elena étaient très efficaces, de sorte que nous mettions progressivement au point les entrevues que nous souhaitions réaliser avec des dirigeants clandestins, ainsi qu'avec des personnalités politiques agissant dans la légalité.

De mon côté, je m'étais résigné à n'être pas moi. C'était un dur sacrifice : il y avait tant de parents et d'amis que je voulais voir – à commencer par ma famille –, tant d'heures de ma jeunesse que je désirais revivre. Mais tout cela était un monde interdit, au moins jusqu'à la fin du tournage. Aussi ai-je tordu le cou de mes sentiments et assumé l'étrange condition d'exilé au sein de mon pays, autrement dit la forme la plus amère de l'exil.

On m'a rarement laissé seul dans les rues, mais je me suis toujours senti solitaire. A tout moment et en tout lieu, l'œil de la résistance me protégeait sans que je puisse moi-même le remarquer. La surveillance n'était levée qu'exceptionnellement, à ma demande, lorsque j'avais des entrevues avec des personnes de confiance absolue que je ne voulais même pas compromettre aux yeux de mes propres amis. Plus tard, quand Elena a fini de m'aider à mettre l'opération en bonne voie, j'avais déjà assez d'entraînement pour me débrouiller tout seul, et je n'ai subi aucun contretemps. Le film a été réalisé comme prévu, et aucun des collaborateurs n'a souffert le moindre mal par suite d'une négligence ou d'une erreur de ma part. Ce qui n'a pas empêché un des responsables de me déclarer avec le sourire, alors que nous avions déjà quitté le Chili :

– Jamais depuis que le monde est monde, on n'a défié tant de fois et de façon aussi dangereuse autant de normes de sécurité.

Le fait essentiel, en tout cas, était qu'en moins d'une semaine nous avions dépassé les objectifs de tournage à Santiago. Notre plan était très flexible, il permettait toutes sortes de modifications sur le terrain, et la réalité nous a démontré que c'était la seule façon de procéder dans une ville imprévisible qui, à chaque instant, nous réservait des surprises et nous inspirait des idées insoupçonnées.

Jusque-là, nous avions changé d'hôtel par trois fois. Le *Conquistador* était confortable et pratique, mais situé au cœur de la répression, et nous avions des raisons de penser qu'il était un des plus surveillés. Il en irait de même, sans doute, avec tous les cinq étoiles et leur va-et-vient constant d'étrangers, lesquels sont suspects par principe aux yeux de la dictature. Par contre, dans les hôtels de deuxième catégorie, où le contrôle des entrées et sorties est généralement plus rigide, nous craignions davantage d'attirer l'attention. Le plus sûr était donc de déménager tous les deux ou trois jours, sans nous soucier des étoiles, mais sans revenir jamais au méme hôtel, car je crois de façon superstitieuse que je vais toujours à la rencontre du danger si je retourne dans un lieu où j'ai couru des risques. Cette croyance s'est ancrée en moi le 11 septembre 1973, pendant que l'aviation bombardait La Monnaie et que la confusion s'emparait de la ville. J'étais parvenu à m'échapper sans heurts des bureaux des Films Chili, où j'étais accouru pour tenter de résister au coup d'Etat avec mes compagnons de toujours, et, après avoir conduit en voiture jusqu'au Parc Forestier un groupe d'amis qui n'avaient pas tort de craindre pour leur vie, j'avais commis la grave erreur de revenir sur mes pas. Je me suis sauvé par miracle, ainsi que je l'ai déjà raconté.

Par précaution supplémentaire, lors des changements d'hôtels, Elena et moi avons décidé de prendre des chambres séparées après le troisième déménagement, et de nous présenter chaque fois différemment. Parfois je m'inscrivais comme gérant et elle comme secrétaire, parfois nous faisions comme si nous ne nous connaissions pas. D'ailleurs, cette séparation progressive correspondait très bien à l'état de nos relations, très fructueuses dans le travail, mais toujours plus difficiles sur le plan personnel.

Je dois dire que, parmi les nombreux hôtels où nous avons logé, deux seulement nous ont occasionné des motifs d'inquiétude. Le premier était le *Sheraton*. Le soir même de notre arrivée, le téléphone de la table de nuit a sonné alors que je venais de m'endormir. Elena était partie pour une réunion secrète qui s'était prolongée au-delà des prévisions : elle avait dû passer la nuit dans la maison où le couvre-feu l'avait surprise, comme cela devait arriver maintes fois. Etourdi, j'ai répondu au téléphone sans plus savoir où j'étais, et, pis encore, sans me rappeler quel rôle je jouais. Une voix de Chilienne a demandé à me parler, mais sous mon faux nom. J'allais répondre que je ne connaissais pas ce monsieur quand j'ai fini de me réveiller sous le choc : qui pouvait donc m'appeler par ce nom, dans ce lieu et à cette heure?

C'était la téléphoniste de l'hôtel qui voulait me transmettre un appel à longue distance. En une seconde, j'ai réalisé que personne d'autre qu'Elena et Franquie ne savait où nous étions, et qu'il n'était guère possible que l'un d'eux m'appelle de cette manière, à cette heure tardive, et en utilisant le truc du lointain coup de fil, sauf s'il s'agissait d'une question de vie ou de mort. Aussi ai-je décidé de répondre. Une femme parlant anglais m'a engouffré dans une conversation confidentielle interminable, et sur un ton familier, m'appelant *darling*, m'appelant *sweetheart*, m'appelant *honey*, et quand j'ai essayé d'ouvrir une brèche pour lui faire comprendre que je ne parlais pas sa langue, elle a raccroché dans un très doux soupir : *shit*. Toutes les vérifications auxquelles j'ai procédé avec la standardiste n'ont servi à rien, sauf à constater que deux autres clients de l'hôtel portaient des noms qui ressemblaient à celui de mon faux passeport. Je n'ai pu fermer l'œil une minute et, dès qu'Elena est rentrée à sept heures du matin, nous avons plié bagage.

La seconde alarme a eu lieu dans le vieil hôtel *Carrera* – dont les fenêtres de façade donnent sur le palais de la Monnaie – et c'était une alarme rétroactive. En effet, peu de jours après notre passage, un couple très jeune, qui se faisait passer pour de jeunes mariés en lune de miel, a occupé la chambre qui jouxtait celle où nous avions logé, et a placé sur un trépied de photographe un bazooka improvisé doté d'un système à retardement et pointé sur le bureau de Pinochet. La conception et le mécanisme de l'engin étaient parfaits, et Pinochet était bien là à l'heure prévue, mais le trépied s'est affaissé sous la violence du tir et le projectile a éclaté dans la chambre.

LES CINQ POINTS

Le vendredi de notre seconde semaine de mission, Franquie et moi avons décidé de commencer le jour suivant nos voyages en automobile à l'intérieur du pays, et tout d'abord à Concepción. Pour l'heure, il ne nous manquait dans la capitale que les entrevues avec des dirigeants, légaux et clandestins, ainsi que le tournage dans les murs de La Monnaie. Les premières exigeaient une préparation compliquée, et Elena s'en occupait avec une admirable diligence. Quant au tournage au palais de la Monnaie, il avait été accepté, mais la permission officielle par écrit ne devait nous être remise que la semaine suivante. Ainsi, Franquie et moi disposions du temps nécessaire pour terminer le travail en province. A cette fin, nous avons téléphoné à l'équipe française pour lui demander de rentrer à Santiago, sitôt terminé son programme dans le nord, et nous avons contacté l'équipe hollandaise afin qu'elle continue le programme du sud jusqu'à Puerto Montt, où elle attendrait les instructions. De mon côté, comme d'habitude, je poursuivrais mon travail avec l'équipe italienne.

Ainsi que prévu, nous avons profité de ce vendredi pour filmer mes promenades dans les rues, afin que les services de la dictature ne puissent nier par la suite que j'avais dirigé en personne le tournage au Chili. Nous avons choisi cinq sites caractéristiques de Santiago : l'extérieur du palais de la Monnaie, le Parc Forestier, les ponts du Mapocho, la colline de San Cristóbal et l'église de San Francisco. Pour ne pas perdre une minute, Grazia s'était chargée depuis plusieurs jours de trouver les endroits où l'on placerait la caméra, car il était décidé que nous consacrerions seulement deux heures à chaque lieu, soit un tournage de dix heures. Je devais arriver chaque fois une quinzaine de minutes avant l'équipe et m'intégrer à la vie locale, en donnant quelques indications de tournage dont Grazia et moi nous étions convenus.

Le palais de la Monnaie occupe tout un carré, mais ses deux façades principales sont celle de la place Bulnes, sur l'Alameda, où se trouve le ministère des Relations extérieures, et celle de la place de la Constitution, où siège la Présidence de la République. Après la destruction de l'édifice par le bombardement aérien du 11 septembre, les bureaux présidentiels sont restés à l'abandon. Le gouvernement s'est installé dans les anciens bureaux de la Commission des Nations Unies pour le Commerce et le Développement, un bâtiment de vingt étages que le gouvernement militaire, dans le souci de se parer d'une légitimité, a baptisé du nom du grand libéral Diego Portales. Et le gouvernement a siégé dans ces locaux jusqu'il y a une dizaine d'années, quand on a terminé les longs travaux de restauration de La Monnaie, en y ajoutant la construction d'une véritable forteresse souterraine : sous-sols blindés, couloirs secrets, portes dérobées, voies d'accès d'urgence à un parking officiel qui existait déjà bien avant sous la chaussée. Cependant, on dit à Santiago que les élans formalistes de Pinochet sont paralysés par l'impossibilité de ceindre le grand cordon d'O'Higgins, symbole du pouvoir légitime au Chili, détruit lors du bombardement du palais. Un courtisan du pouvoir militaire a eu beau tenter d'accréditer la fable selon laquelle cette décoration avait été sauvée des flammes par les premiers officiers qui ont occupé La Monnaie, la prétention était tellement naïve qu'elle a fait long feu.

Peu avant neuf heures du matin, l'équipe italienne avait filmé la façade du côté de l'Alameda, devant le monument du Père de la Patrie, Bernardo O'Higgins, où l'on peut voir maintenant un foyer perpétuel au gaz propane : « La flamme de la liberté. » Ensuite, l'équipe s'est déplacée pour filmer l'autre façade, où l'on voit mieux les carabiniers d'élite de la garde du palais, aux uniformes les plus brillants et aux visages les plus hautains, qui accomplissent la cérémonie de la relève dans le même délire de grandeur qu'au palais de Buckingham – mais devant moins de touristes. La surveillance de ce côté est également plus sévère. Dès qu'ils ont vu l'équipe se préparer à filmer, les carabiniers ont exigé l'autorisation écrite, que leurs collègues avaient déjà demandée du côté de l'Alameda. C'était infaillible : aussitôt qu'apparaissait la caméra, n'importe où dans la ville, apparaissait aussi un carabinier pour voir le permis.

C'est à ce moment-là que je suis arrivé. Ugo, le cameraman, un garçon sympathique et décidé qui s'amusait comme un Japonais dans l'aventure continuelle du tournage, s'était arrangé pour montrer d'une main ses papiers et continuer de l'autre à filmer le carabinier en cachette. Franquie m'avait laissé à quatre rues de là, et il me reprendrait quatre rues plus loin, quinze minutes plus tard. C'était un matin froid et brumeux, typique de nos automnes prématurés, et je tremblais de froid sous mon manteau d'hiver. J'avais marché vite pour me réchauffer, dans la foule pressée, et j'ai poursuivi au-delà de la place pour que l'équipe ait le temps de terminer les opérations de contrôle. Quand je suis revenu sur mes pas, elle a filmé mon passage devant La Monnaie sans la moindre anicroche. Au bout d'un quart d'heure, elle a rangé le matériel et s'est rendue à l'objectif suivant. J'ai retrouvé la voiture de Franquie dans la rue de Riquelme, face à la station de métro Los Héroes, et nous avons démarré en douce.

Le tournage au Parc Forestier nous a pris moins de temps que prévu, car, en le voyant, j'ai compris que mon intérêt pour lui était plutôt subjectif. En réalité, c'est un lieu très beau et caractéristique de Santiago, surtout sous le tourbillon de feuilles jaunes de ce paisible vendredi. Mais ce qui m'attirait le plus était la recherche de mes nostalgies. Là se trouvait la faculté des Beaux-Arts, sur le perron de laquelle j'avais présenté ma première pièce de théâtre, à peine arrivé de mon village. Plus tard, déjà cinéaste en herbe, je devais traverser le parc presque tous les jours pour rentrer chez moi, et la lumière de ses feuillages à la tombée du jour est liée à jamais au souvenir de mes premiers films. Il n'y avait rien d'autre à en dire. On a simplement filmé ma petite promenade parmi les arbres qui se dépouillaient de leurs feuilles dans un chuchotement de pluie, et j'ai continué à marcher jusqu'au centre commercial où Franquie était posté.

Le temps restait froid et limpide, et la cordillère se voyait nettement pour la première fois depuis mon arrivée. En effet, Santiago est situé dans une cuvette entre des montagnes, et tout se perçoit à travers une brume de pollution. Comme d'habitude, il y avait beaucoup de gens à onze heures du matin dans la rue del Estado, et ils entraient déjà dans les cinémas pour assister à la première séance. Au Rex, on annonçait *Amadeus*, de Milos

Forman, que je voulais voir à tout prix, et j'ai dû faire un gros effort pour ne pas y aller.

ET AU COIN DE LA RUE : MA BELLE-MÈRE

Les jours précédents, alors que nous filmions, j'avais vu au passage plusieurs connaissances : des journalistes, des personnes des milieux politique et culturel. Ils ne m'ont même pas regardé, si je me souviens bien, et cela renforçait ma confiance. Mais ce vendredi-là est arrivé ce qui, tôt ou tard, devait arriver : devant moi, marchant vers moi, j'ai vu une femme distinguée, vêtue d'un deux-pièces de coutil couleur crème, sans manteau, comme en été ou presque, et que j'ai seulement reconnue à moins de trois mètres. C'était Leo, ma belle-mère. Il y avait seulement six mois que nous nous étions vus en Espagne, et elle me connaissait tellement bien qu'il était impossible qu'elle ne m'identifie pas de si près. J'ai pensé faire demi-tour, mais je me suis rappelé qu'on m'avait mis en garde contre cette impulsion naturelle, car beaucoup de clandestins, dont les visages n'ont pu être identifiés, ont été reconnus de dos. J'étais suffisamment confiant dans ma belle-mère pour ne pas m'inquiéter d'être reconnu, mais elle ne marchait pas seule. Elle donnait le bras à l'une de ses sœurs, la tante Mina, qui me connaissait aussi, et elles conversaient à voix très basse, quasi en chuchotant. Dans d'autres circonstances, cela ne m'aurait pas préoccupé, mais je craignais l'accumulation des surprises. Rien d'étonnant si elles se mettaient à crier d'émotion en pleine rue : « Miguel, mon tout petit, tu es rentré, c'est merveilleux! » Ou quelque chose comme ça. En outre, il était dangereux pour elles de partager mon secret.

Ne pouvant rien faire d'autre, j'ai continué à marcher dans leur direction, en fixant ma belle-mère avec le plus d'intensité possible, afin de pouvoir la contrôler immédiatement si j'étais reconnu. Mais c'est à peine si elle a levé les yeux au passage, elle a croisé mon regard fixe et terrorisé sans cesser de parler avec la tante Mina, nous sommes passés si près que j'ai senti son parfum, et j'ai vu ses beaux yeux doux, et j'ai entendu clairement ce qu'elle disait : « Les enfants causent plus de problèmes quand ils sont grands. » Et elle a suivi son chemin.

Dernièrement, je lui ai raconté cette anecdote, en téléphonant de Madrid, et elle est restée stupéfaite : elle ne se souvient de rien. Pour moi, ce hasard m'avait perturbé. Tout étourdi, j'ai cherché un lieu pour penser tranquillement, et je me suis installé dans un petit cinéma où l'on jouait *L'Ile du bonheur*, un film italien auquel il ne manquait strictement rien pour être qualifié de pornographique. J'y suis resté une dizaine de minutes. J'ai vu des hommes élancés et des femmes très belles et très gaies qui se jetaient dans la mer par une journée éblouissante de quelque coin de paradis. Je n'ai même pas essayé de me concentrer. Mais l'obscurité m'a permis de recomposer mon expression, et c'est alors seulement que j'ai compris à quel point ces derniers jours avaient été calmes et routiniers. A onze heures et quart, Franquie est venu me reprendre au coin d'Estado et d'Alameda, et m'a conduit à l'endroit suivant du tournage : les ponts du Mapocho.

Le fleuve Mapocho traverse la ville par un canal pavé, avec de très beaux ponts que de magnifiques structures de fer protègent des tremblements de terre. Par temps de sécheresse – c'était alors le cas –, son débit se réduit à un fil d'argile liquide qui, dans la partie centrale, semble stagner parmi des baraques misérables. Au contraire, par temps de pluie, les crues qui descendent de la cordillère le font déborder, et les baraques flottent comme des petits bateaux à la dérive sur une mer de boue. Dans les mois qui ont suivi le coup d'Etat, on a parlé du fleuve Mapocho dans le monde entier à cause des cadavres mutilés que charriaient ses eaux, après les assauts nocturnes que les patrouilles militaires avaient donnés contre les quartiers marginaux : les fameuses *poblaciones*[1] de Santiago. Mais depuis quelques années, et tout au long des saisons, le drame du Mapocho, ce sont les foules affamées qui disputent les déchets de nourriture aux chiens et aux vautours. C'est l'envers du miracle chilien, patronné par le régime sous l'inspiration céleste de l'Ecole de Chicago.

Jusqu'à l'époque d'Allende, non seulement le Chili était un pays modeste, mais la bourgeoisie conservatrice elle-même considérait l'austérité comme une vertu nationale. Pour donner une apparence impressionnante de prospérité immédiate, la Junte militaire s'est empressée de reprivatiser ce qu'Allende avait nationalisé, et de vendre le pays au capital privé et aux sociétés multinationales. Résultat : une explosion d'articles de luxe, aussi reluisants qu'inutiles, et de travaux publics d'ornementation qui entretenaient l'illusion d'un bien-être spectaculaire.

En l'espace de cinq ans seulement, on a importé plus de produits que durant les deux cents années antérieures, au moyen de crédits en dollars avalisés par la Banque Nationale avec l'argent des dénationalisations. La complicité des Etats-Unis et des

1. Les quartiers de bidonvilles, qui portent différents noms en Amérique latine *(N.d.T.)*.

organismes internationaux a fait le reste. Mais la réalité a montré les dents au moment de l'addition : six ou sept années de mirages se sont écroulées en une seule... La dette extérieure du Chili, qui était de quatre mille millions de dollars à la fin du régime d'Allende, atteint maintenant près de vingt-trois mille millions. Il suffit d'une promenade sur les marchés populaires du Mapocho pour voir quel a été le coût social de ces dix-neuf mille millions de dollars de gaspillage. Car le miracle militaire a rendu plus riches un très petit nombre de riches, et beaucoup plus pauvres tous les autres Chiliens.

LE PONT QUI A TOUT VU

Et pourtant, au milieu de cette foire de vie et de mort, le pont Recoleta sur le Mapocho est un amant neutre : il dessert aussi bien les marchés que le cimetière. Pendant la journée, les enterrements doivent s'ouvrir un passage parmi la foule. La nuit, quand il n'y a pas de couvre-feu, c'est le passage obligé vers les clubs de tango, refuges nostalgiques d'un faubourg amer où les fossoyeurs sont champions de danse. Mais, ce qui a le plus retenu mon attention ce vendredi-là, après tant d'années loin de ces lieux saints, c'est le grand nombre de jeunes amoureux qui se promènent, bas dessus bras dessous, sur les terrasses qui surplombent le fleuve, s'embrassant parmi les étalages de fleurs lumineuses pour les tombes voisines, s'aimant lentement, sans se soucier du temps incessant qui coule sans pitié sous les ponts. Je n'avais jamais vu tant d'amour dans les rues qu'à Paris, il y a longtemps. En revanche, je me souvenais de Santiago comme d'une ville aux sentiments peu manifestes, et je découvrais maintenant un spectacle réconfortant qui avait peu à peu cessé à Paris, et que je croyais disparu du monde. Alors j'ai pensé à ce que quelqu'un m'avait dit à Madrid : « L'amour fleurit en temps de peste. »

Bien avant l'Unité Populaire, les Chiliens aux vêtements sombres et aux parapluies, les femmes suspendues aux modes et aux nouveautés d'Europe, et les bébés habillés en lapins dans leurs landaus, avaient été chassés par le vent rénovateur des Beatles. La mode avait nettement tendance à la confusion des sexes : l'unisexe. Les femmes coupaient leurs chevelures presque à ras, disputaient aux hommes les pantalons serrés aux hanches et à pattes d'éléphant, et les hommes se laissaient pousser les cheveux. Mais tout cela fut balayé à son tour par le fanatisme pudibond de la dictature. Toute une génération s'est coupé les cheveux avant que les patrouilles militaires ne le fassent à la baïonnette, comme on a pu souvent le voir dans les premiers jours du coup d'Etat.

Jusqu'à ce vendredi sur les ponts du Mapocho, je n'avais pas constaté que la jeunesse avait de nouveau changé. La ville était occupée par une génération postérieure à la mienne. Les enfants qui avaient dix ans quand je suis parti, à peine capables d'apprécier notre catastrophe dans toute son ampleur, allaient maintenant vers leurs vingt-deux printemps. Et nous allions découvrir plus tard de nouvelles preuves de la façon dont cette génération de jeunes qui s'embrassent en pleine lumière ont su se protéger des manœuvres constantes de séduction politique. Ce sont ces jeunes-là qui imposent petit à petit leurs goûts, leur mode de vie, leurs conceptions originales de l'amour, des arts, de la politique, au milieu de l'exaspération sénile de la dictature. Nulle répression ne les arrête. La musique qu'on entend partout et à tout rompre – jusque dans les fourgons blindés des carabiniers, qui l'écoutent sans savoir ce qu'ils écoutent – ce sont les chansons des Cubains Silvio Rodríguez et Pablo Milanés. Les enfants qui allaient à l'école primaire à l'époque de Salvador Allende, sont aujourd'hui les chefs de la résistanc. C'était pour moi une constatation révélatrice, et en même temps inquiétante, à tel point que je me suis demandé si, finalement, ma moisson de nostalgies servirait à quelque chose.

Le doute m'a inspiré de nouveaux élans. C'est uniquement pour accomplir le programme fixé que je suis rapidement passé par la colline de San Cristóbal, puis par l'église de San Francisco, dont la pierre se dorait à la tombée du jour. Ensuite, j'ai demandé à Franquie de prendre mon sac de voyage à l'hôtel et de venir me rechercher trois heures plus tard à la sortie du Rex, où je suis allé voir *Amadeus*. Je l'ai également chargé de dire à Elena que nous allions disparaître pour trois jours, sans le moindre commentaire. J'allais à l'encontre des règles établies, car Elena devait savoir où j'étais à tout moment, mais je n'ai pu m'en empêcher. Franquie et moi allions à Concepción dans le plus grand secret, pour tout le temps qui serait nécessaire. Notre train partait à onze heures du soir.

5

UN HOMME EN FLAMMES FACE À LA CATHÉDRALE

C'ÉTAIT une inspiration soudaine, même si elle reposait sur un fondement rationnel indubitable. Il me semblait que le train était le moyen le plus sûr pour voyager à l'intérieur du Chili, en évitant les contrôles dans les aéroports et sur les routes. Surtout, il permettait de profiter des nuits, ce qui est impossible dans les villes à cause du couvre-feu. Franquie n'était pas très convaincu, car il savait que les trains sont le moyen de transport le plus surveillé. Mais je prétendais que, pour la même raison, c'était le moins dangereux. Il ne viendra jamais à l'idée d'un policier qu'un clandestin monte dans un train. Franquie, au contraire, croyait que la police sait bien que les clandestins voyagent en train, car ils pensent que les lieux les plus surveillés sont les plus sûrs. Il croyait, en outre, qu'un riche publiciste, ayant une longue expérience et d'importantes affaires en Europe, est prêt à voyager dans les merveilleux trains européens, mais non sur les pauvres voies ferrées de la province chilienne. Pourtant, je suis parvenu à le persuader en lui rappelant que l'avion de Concepción n'est guère à recommander pour être ponctuel à un rendez-vous ou pour mener à bien un plan de travail, car on ne sait jamais si le brouillard lui permettra d'atterrir. La vérité, entre nous, est que j'aurais préféré le train de toute façon, vu ma peur incurable de l'avion.

Nous voilà donc à onze heures du soir prenant le train à la gare centrale, dont la structure de fer est de la même beauté incompréhensible que la tour Eiffel. Nous nous sommes installés dans un compartiment propre et confortable du wagon-lit. Je mourais de faim, car je n'avais mangé depuis le petit déjeuner que les deux barres de chocolat qu'on m'avait vendues au cinéma pendant que le jeune Mozart effectuait des sauts d'acrobate devant l'empereur d'Autriche. Le contrôleur nous a signalé que nous ne pouvions manger que dans le wagon-restaurant et que celui-ci ne communiquait pas avec le nôtre par disposition réglementaire, mais qu'il existait tout de même une solution : nous asseoir dans le restaurant avant le départ du train, manger comme nous le pourrions et revenir au wagon-lit une heure plus tard, pendant l'arrêt à Rancagua. C'est ce que nous avons fait, à toute vitesse, car le couvre-feu avait déjà sonné, et les contrôleurs nous croisaient en criant : « Dépêchez-vous, messieurs, dépêchez-vous, nous enfreignons la loi. » Mais les gardiens de la gare de Rancagua, somnolents et tremblants de froid, se souciaient comme d'un radis de ce viol consenti et inévitable de la loi martiale.

La gare était vide et glacée, sans une âme, couverte d'un brouillard fantomatique. Identique aux stations des films de déportation dans l'Allemagne nazie. Soudain, alors que les contrôleurs nous pressaient, un serveur du restaurant nous a dépassés à toute vitesse, avec sa classique veste blanche, portant sur la main tendue une assiette de riz surmonté d'un œuf frit. Il a couru cinquante mètres à une vitesse inimaginable, sans que l'assiette perde son équilibre magique, puis l'a glissée par la fenêtre de la dernière voiture à quelqu'un qui, sans doute, l'avait payé à cet effet. Nous n'avions pas rejoint nos places qu'il avait déjà regagné le restaurant.

Nous avons parcouru dans un silence absolu les cinq cents kilomètres environ qui nous séparaient de Concepción, comme si le couvre-feu n'était pas seulement obligatoire pour les passagers de ce train somnambule, mais pour tous les êtres de la nature. Parfois, je me penchais par la fenêtre, et tout ce que j'arrivais à voir à travers le brouillard, c'étaient des gares vides, des champs vides, la grande nuit vide d'un pays évacué. La seule preuve de l'existence de l'homme sur la terre était donnée par les interminables clôtures de fil de fer barbelé tout au long de la voie, mais rien derrière les clôtures, ni gens, ni fleurs, ni animaux : rien. Je me suis rappelé Neruda : « Partout du pain, du riz, des pommes; au Chili, du fil de fer, du fil, du fil. » A sept heures du matin, alors qu'il restait encore beaucoup de terre à parcourir avant que ne s'épuise le fil de fer, nous sommes arrivés à Concepción.

Tout en décidant de l'étape suivante de l'opération, nous avons pensé à chercher un lieu pour nous faire raser. A mes yeux, ce n'était pas un problème : j'aurais profité du prétexte pour me laisser pousser la barbe une fois de plus. Le malheur, c'était que nos figures de bandits allaient éveiller l'attention des carabiniers, dans une ville qui est considérée par tous les Chiliens comme le théâtre des grandes luttes sociales. C'est là qu'est né le mouvement estudiantin des années soixante, c'est là que Salvador Allende a trouvé un appui décisif dans sa campagne électorale, et c'est là que le président Gabriel González Videla a commencé les répressions sanglantes de 1946, peu avant de fonder le camp de concentration de Pisagua, où un jeune officier s'est entraîné aux arts de la terreur et de la mort : Augusto Pinochet.

DES FLEURS ÉTERNELLES SUR LA PLACE SEBASTIÁN-ACEVEDO

Dans le taxi qui nous conduisait au centre, nous avons vu, à travers un brouillard dense et glacé, la croix solitaire sur le parvis de la cathédrale et le bouquet d'immortelles posé par des mains anonymes. Sebastián Acevedo, humble mineur des mines de charbon, s'était immolé en ce lieu même, deux ans auparavant, après avoir tenté en vain que quelqu'un intervienne afin que la Centrale nationale d'information (C.N.I.) cesse de torturer son fils de vingt-deux ans et sa fille de vingt ans, arrêtés pour port d'armes illicite.

Sebastián Acevedo n'a pas formulé une supplique, mais un avertissement. Comme l'archevêque était en voyage, il a parlé avec les fonctionnaires de l'archevêché, avec les journalistes les plus écoutés, avec les dirigeants des partis politiques, avec des cadres de l'industrie et du commerce. Il a parlé avec tous ceux qui acceptaient de l'entendre, y compris avec des fonctionnaires du gouvernement, en tenant toujours les mêmes propos : « Si vous ne faites rien pour arrêter ces tortures, je m'aspergerai d'essence et je me ferai brûler sur le parvis de la cathédrale. » Certains ne l'ont pas cru. Les autres n'ont su que faire. Le jour prévu, Sebastián Acevedo s'est planté sur le parvis, a renversé un seau d'essence au-dessus de sa tête et a prévenu la foule amassée dans la rue que, si l'on dépassait la ligne jaune tracée devant lui, il se ferait brûler vif. Les prières n'ont servi à rien, ni les ordres, ni les menaces. Tâchant d'empêcher l'immolation, un carabinier a franchi la ligne, et Sebastián Acevedo s'est transformé en torche humaine.

Il a encore vécu sept heures, lucide et sans souffrances. La commotion publique a été si radicale que la police s'est vue forcée de permettre à la fille de rendre visite à son père à l'hôpital avant sa mort. Mais les médecins n'ont pas accepté qu'elle le voie, à cause des horribles brûlures; ils lui ont seulement permis de l'appeler par l'interphone : « Comment puis-je savoir que tu es bien Candelaria? » a demandé Sebastián Acevedo. Alors elle a répété le tendre diminutif qu'il employait avec elle quand elle était petite. Les deux enfants ont été sauvés des chambres de torture, et mis à la disposition des tribunaux ordinaires. Depuis lors, les habitants de Concepción utilisent aussi un nom secret pour désigner le lieu de sacrifice : place Sebastián-Acevedo.

QUELLE AFFAIRE POUR SE RASER A CONCEPCIÓN!

Arriver dans ce bastion historique à sept heures du matin, déguisés en bourgeois, mais non rasés, était un risque qui n'en valait pas la peine. En outre, chacun sait qu'un magnat de la publicité, qui se promène avec un magnétophone miniature pour ne pas oublier ses idées, porte dans son attaché-case un rasoir électrique pour pouvoir se raser dans les avions, dans les trains, en voiture, avant ses rendez-vous d'affaires. Et pourtant, peut-être n'y avait-il pas de plus grand risque à Concepción que de chercher à se raser un samedi quelconque à sept heures du matin. J'ai fait ma première tentative dans le seul salon de coiffure ouvert à cette heure, près de la place d'Armes, dont l'écriteau sur la porte disait : Unisexe. Une jeune fille d'une vingtaine d'années, à moitié réveillée, balayait la pièce, et un garçon presque aussi jeune rangeait les flacons.

– Je souhaite me raser, ai-je dit.

– Non, a répondu l'homme; ici nous ne faisons pas ce travail.

– Où le fait-on?

– Allez voir plus loin, a-t-il poursuivi. Il y a beaucoup de coiffeurs.

Je suis allé une rue plus loin, là où Franquie était resté pour louer une voiture, et je l'ai trouvé montrant ses papiers à deux carabiniers. Ils les ont également exigés de moi, mais il n'y a pas eu de problème. Au contraire. Pendant que Franquie louait l'automobile, un des carabiniers m'a accompagné à deux rues de là, où un autre salon ouvrait ses portes, et a pris congé en me serrant la main.

L'écriteau sur la porte stipulait à nouveau : Unisexe. Comme dans le premier cas, il y avait un homme d'une trentaine d'années et une fille plus jeune. L'homme m'a demandé ce que je voulais. Je lui ai dit : « Me raser. » Tous deux m'ont regardé, l'air surpris.

– Non, monsieur, ici nous ne faisons pas cela, a-t-il répondu.

– Ici nous sommes unisexe, a précisé la jeune fille.

– Bien, ai-je dit, mais tout unisexe que vous soyez, vous pourriez me raser.

– Non, monsieur, a-t-il répété, pas ici.

Et ils m'ont tourné le dos. J'ai continué à marcher dans les rues désolées, à travers le brouillard opprimant, et non seulement j'ai été surpris par la quantité de salons de coiffures unisexes qu'il y avait à Concepción, mais par l'unanimité de leurs coutumes : nulle part on n'a voulu me raser. J'étais perdu en plein brouillard quand un gamin m'a demandé :

– Vous cherchez quelque chose, monsieur ?

– Oui, ai-je dit. Je cherche un coiffeur qui ne soit pas unisexe mais seulement pour les hommes, comme ceux d'avant.

Alors il m'a emmené vers un salon traditionnel, avec le cylindre en spirale rouge et blanc à la devanture et les fauteuils rotatifs du temps de ma jeunesse. Deux vieillards aux tabliers sales s'occupaient d'un seul client. Le premier lui coupait les cheveux, tandis que l'autre secouait avec une brosse les poils qui tombaient sur le visage et les épaules. La pièce sentait l'ammoniaque et l'alcool mentholé, comme dans les anciennes pharmacies, et alors seulement j'ai constaté que c'était l'odeur la moins répandue dans les salons précédents. L'odeur de mon enfance.

– Je souhaiterais me faire raser, ai-je dit.

Tout le monde s'est regardé stupéfait. Le vieillard à la brosse m'a demandé tout haut ce que sans doute les autres pensaient tout bas :

– D'où êtes-vous ?

– Je suis Chilien, ai-je répondu sans y penser, puis je me suis hâté de corriger : mais je viens d'Uruguay.

Ils n'ont pas remarqué que la rectification était encore pire que l'erreur, mais ils m'ont fait comprendre que le mot que j'utilisais pour dire « se raser » ne s'employait plus au Chili depuis de longues années. Voilà pourquoi les jeunes des salons unisexes n'avaient pu comprendre mon langage désuet de vieux Chilien. Là, en revanche, ils se sont activés en voyant un client qui parlait comme dans leur bon vieux temps. Le coiffeur qui était disponible m'a fait asseoir dans le fauteuil, il m'a enfoncé la serviette dans le col, à l'ancienne, puis il a sorti une lame rouillée. Il avait pour le moins soixante-dix ans mal vécus, il était grand et flasque et portait lui-même une barbe de trois jours.

– Allons-nous vous raser à l'eau chaude ou à l'eau froide ? m'a-t-il demandé.

C'est à peine s'il pouvait tenir la lame d'une main tremblante.

– A l'eau chaude, bien entendu, ai-je dit.

– C'est que le diable l'a coupée, monsieur, a-t-il ajouté. Ici, nous n'avons pas d'eau chaude, rien que de la bonne petite eau froide.

Alors je suis retourné au premier salon unisexe, et quand j'ai dit que je voulais me faire raser – en utilisant le terme exact – ils m'ont servi tout de suite, mais à la condition de me couper aussi les cheveux. J'ai accepté. Du coup, le jeune homme et la fille ont corrigé leur attitude négligente et commencé une longue cérémonie professionnelle. Elle m'a mis une serviette autour du cou, m'a lavé la tête à l'eau froide – car, là non plus, il n'y avait pas d'eau chaude – et m'a demandé si je voulais la formule de masque numéro trois, numéro quatre ou numéro cinq, et si elle ne me ferait pas un traitement contre la calvitie. J'ai suivi le courant, jusqu'à ce qu'elle s'arrête tout soudain alors qu'elle me séchait le visage. Puis elle a dit à part soi : « Bizarre ! » J'ai ouvert les yeux en sursautant : « Quoi ? » Elle était encore plus choquée que moi.

– Vous avez les sourcils épilés ! a-t-elle dit.

Importuné par sa découverte, j'ai décidé de risquer la plaisanterie la plus grossière qui m'est venue à l'esprit et je lui ai demandé avec des yeux languides :

– Est-ce que tu aurais des préjugés contre les pédés ?

Elle a rougi jusqu'à la racine des cheveux et nié de la tête. Ensuite, c'est le coiffeur qui s'est chargé de moi et, malgré tout le soin et la précision que je mettais dans mes indications, il a coupé plus qu'il ne fallait, m'a peigné d'une autre façon et a fini par me transformer à nouveau en Miguel Littín. C'était logique, car le maquilleur de Paris avait contrarié à dessein la tendance naturelle de mes cheveux, et le coiffeur de Concepción n'avait fait que remettre les choses en place. Je ne m'en suis pas soucié, car il était aisé de me recoiffer à la façon de mon autre moi, ce que j'ai fait d'ailleurs. Mais il m'a fallu un grand effort moral, bien sûr, pour lutter contre la nostalgie d'être à nouveau moi-même dans une lointaine ville de brouillard où, de toute manière, personne n'aurait pu me reconnaître. La coupe terminée, la fille m'a conduit dans l'arrière-boutique et, avec toutes sortes de réserves, comme si c'était un acte interdit, elle a branché le rasoir devant un miroir et me l'a donné pour que je me rase moi-même. Sans besoin d'eau chaude, Dieu merci.

UN PARADIS D'AMOUR EN ENFER

Franquie avait loué une voiture. Nous avons déjeuné dans un snack-bar avec une tasse de café froid – toujours pas d'eau chaude –, et nous avons foncé vers les mines de charbon de Lota et Schwager en traversant le grand pont sur le Bío-Bío, le fleuve le plus puissant du Chili, aux eaux de métal somnolent, à peine visibles dans le brouillard. Au siècle dernier, l'écrivain chilien Baldomero Lillo a décrit les mines et la vie des mineurs dans les moindres détails, et sa chronique semble encore actuelle. C'est comme se retrouver au pays de Galles il y a cent ans, tant la brume est saturée de suie, tant les conditions de travail demeurent antérieures à la révolution industrielle.

Il y avait trois contrôles de police sur la route des mines. Comme prévu, le plus difficile a été le premier. C'est pourquoi nous avons dépensé là-bas presque toute notre artillerie verbale quand on nous a demandé ce que nous allions faire à Lota et Schwager. J'ai été le premier étonné par la fluidité de ma réponse. J'ai dit que nous étions venus pour visiter le parc, un de plus riches d'Amérique par ses araucarias aussi vénérables que gigantesques, ainsi que par la rareté de ses nombreuses statues entourées de paons funestes et de cygnes au cou noir. Notre dessein était d'utiliser les lieux pour un film publicitaire qui divulguerait dans le monde entier le prestigieux *Araucaria*, un nouveau parfum baptisé ainsi en hommage à cet endroit idyllique.

Aucun policier chilien ne résiste à une explication aussi longue, encore moins si elle s'accompagne d'une exaltation dithyrambique des beautés du pays. Ils nous ont souhaité la bienvenue et ils ont dû annoncer notre passage au deuxième poste de contrôle, car, là-bas, on n'a pas demandé nos papiers. Par contre, les policiers ont inspecté les bagages et la voiture. Tout ce qui les intéressait, c'était la caméra super-huit – pourtant d'un modèle non professionnel –, car il fallait une autorisation écrite pour filmer dans les mines. Nous avons précisé que nous allions seulement voir le parc aux statues et aux cygnes, au sommet de la montagne, et j'ai essayé de couper court avec une froideur d'aristocrate.

– Les pauvres ne nous intéressent pas, leur ai-je dit.

Examinant sans grand intérêt chaque objet qui lui tombait sous la main, un des carabiniers a répliqué sans me regarder :

– Ici, nous sommes tous pauvres.

Ils étaient satisfaits de l'inspection. Une demi-heure plus tard, au bout d'une route en corniche étroite et escarpée, nous avons passé le troisième contrôle sans aucune formalité, et nous sommes arrivés au parc. Un lieu délirant, que Don Matéos Cousiño, le fameux producteur de vins, a fait construire pour la femme qu'il aimait. Selon son bon plaisir, il a fait venir des arbres fabuleux de tous les coins du Chili. Il a fait venir des animaux mythologiques, des statues de déesses improbables symbolisant les divers états d'âme : la joie, la tristesse, la nostalgie, l'amour. Au fond du parc, il y a un palais de contes de fées, dont les terrasses permettent de voir l'océan Pacifique jusqu'à l'autre bout du monde.

Nous avons passé toute la matinée à filmer les lieux où l'équipe tournerait ensuite avec les permis en règle. Dès les premières prises de vue, un gardien s'est approché pour nous dire que même les photographies étaient interdites. Nous lui avons refait le coup du film publicitaire destiné au monde entier, mais lui s'en tenait aux ordres reçus. Pourtant, il s'est offert à nous accompagner jusqu'en bas, là où sont les mines, afin que nous demandions la permission à ses supérieurs.

– Nous n'allons pas filmer davantage maintenant, lui ai-je dit. Mais si vous voulez nous accompagner pour plus de certitude.

Il a accepté, et nous avons revisité le parc

ensemble. C'était un jeune homme, au visage très triste. Franquie soutenait la conversation, car je préférais, de mon côté, ne parler que lorsqu'il le fallait, à cause de mon mauvais accent uruguayen. A un moment donné, le gardien a eu envie de fumer, et nous lui avons donné nos cigarettes. Alors, il nous a laissés seuls, et nous avons filmé aussi longtemps que nous le pensions nécessaire. Et pas seulement en haut, dans le parc, mais en bas, à l'extérieur des mines. Nous avons fixé les points qui m'intéressaient : les angles, les objectifs, les distances, l'espace entier du grand parc, et puis la misère d'en bas, où vivent confondus mineurs et pêcheurs. C'est une réalité manichéenne et quasi invraisemblable, mais c'est la réalité.

LE BAR OÙ VONT DORMIR LES MOUETTES

Il était passé midi quand nous sommes descendus. On voyait sortir les barques de pêcheurs qui s'aventurent chaque jour jusqu'à l'île proche de Santa María, fendant une mer affreuse et dangereuse aux énormes vagues noires, transportant des familles entières chargées de tas de paquets, d'ustensiles et d'animaux à manger. Les mines de charbon se situent dans de longs tunnels qui pénètrent sous le fond de la mer, où travaillent tout le jour des milliers d'ouvriers dans des conditions misérables. A l'extérieur, autour de l'accès aux tunnels, des centaines d'hommes et de femmes avec leurs enfants grattent la terre comme des taupes, sortant avec leurs ongles les résidus miniers. En haut, dans le parc, l'air est pur et transparent grâce à l'oxygène des arbres. En bas, on sent la poussière de charbon dans le brouillard, qui empêche de respirer et se sédimente dans les bronches. Vue d'en haut, la mer est d'une beauté inimaginable. En bas, elle est trouble et fracassante.

Ce lieu était un fief politique et émotionnel de Salvador Allende. En 1958, c'est là que s'est déroulée ce qu'on appelle « la marche du charbon », quand les mineurs ont traversé le pont du Bío-Bío en une foule compacte, sombre, silencieuse, et que la ville de Concepción a été envahie de drapeaux et de pancartes, avec une détermination dans la lutte qui a mis en échec le gouvernement. L'épisode est conservé dans le film *Drapeaux du peuple*, du Chilien Sergio Bravo, un des plus émouvants du cinéma documentaire du pays. Allende était là, et je crois que c'est alors qu'il a gagné l'appui constant et décisif d'un peuple entier. Par la suite, alors qu'il était président, un de ses premiers voyages a eu pour objectif de dialoguer avec les mineurs sur la place de Lota.

Je faisais partie de sa suite. J'ai été frappé par le fait qu'un homme comme lui, qui s'est toujours flatté de sa vitalité juvénile à soixante ans, ait dit ce jour-là une phrase qui lui venait de très loin : « J'ai déjà passé l'âge précoce, je suis presque un vieillard. » Les mineurs, si petits, fanés, hermétiques, soignés à coups de promesses non tenues durant tant d'années, ont discuté avec lui sans réserves et sont devenus un bastion définitif pour sa victoire. Une des premières mesures prises par Allende, ainsi qu'il l'avait promis à Lota et Schwager, a été la nationalisation du secteur minier. Une des premières résolutions de Pinochet a été de le privatiser à nouveau, comme il l'a fait avec presque tout : les cimetières, les trains, les ports – et jusqu'à la collecte des ordures.

Une fois terminé le plan de tournage dans les mines, à quatre heures de l'après-midi, sans être importunés par aucune autorité militaire ou civile, nous sommes repartis vers Concepción par la route de Talcahuano. Il était difficile d'avancer tant il y avait de mineurs qui rentraient chez eux dans le brouillard, traînant des brouettes remplies de morceaux de charbon récupérés dans les déchets des mines. Hommes minuscules et fantomatiques, femmes menues et fortes, chargés d'énormes sacs de charbon, créatures de cauchemar qui surgissaient soudain dans les ténèbres, à peine éclairées par les phares de la voiture.

Talcahuano, siège de l'école des sous-officiers de marine, est le premier port militaire du Chili et son chantier naval le plus actif. La ville s'est rendue célèbre dans les jours qui ont suivi le coup d'Etat par le triste privilège d'être le point de concentration obligé des prisonniers politiques qu'on allait emmener vers l'enfer de l'île Dawson. Dans les rues, au milieu des mineurs en guenilles, on voit les jeunes cadets en uniformes blancs comme neige, et il n'est pas facile de respirer l'air contaminé par l'horrible fumée des usines de farine de poisson, le goudron des chantiers, la pourriture de la mer.

Contrairement à nos prévisions, les voyageurs ne subissaient aucun contrôle militaire. La majorité des maisons étaient dans l'obscurité et les faibles lumières aux fenêtres semblaient des chandelles d'un autre temps. Nous n'avions rien avalé depuis le café froid du petit déjeuner, et la rencontre imprévue d'un restaurant éclairé a été comme une apparition dans un conte. Et plus encore lorsque nous avons vu que la salle était pleine de mouettes qui entraient par les terrasses sur la mer. Je n'en avais jamais vu autant, ni surgir de l'obscurité au-dessus des clients impassibles, volant comme si elles étaient aveugles, étourdies, se heurtant dans tous les coins, dans un chahut d'abordage. Nous avons déjeuné à l'heure du dîner, avec ces fruits de mer préhistoriques du Chili qui ont le goût des eaux territoriales, profondes et glacées, puis nous sommes rentrés à Concepción. Nous avons sauté dans le train de Santiago quand il commençait déjà à rouler, car le bureau où nous avions loué la voiture était fermé, et il nous avait fallu près de quatre heures pour trouver la personne à qui la rendre.

6

DEUX MORTS QUI NE MEURENT JAMAIS : ALLENDE ET NERUDA

Les *poblaciones*, énormes quartiers marginaux des grandes villes du Chili, sont, en quelque sorte, des territoires libérés – comme la *casbah* des cités arabes – où les habitants, endurcis par la pauvreté, ont développé une étonnante culture labyrinthique. La police et l'armée réfléchissent à deux fois avant de se risquer dans ces ruches de déshérités, où un éléphant entier peut disparaître sans laisser de trace, et où ils doivent affronter des formes de résistance originales et inventives, qui échappent aux méthodes conventionnelles de répression. Ces conditions historiques ont transformé les *poblaciones* en pôles déterminants dans les campagnes électorales sous les régimes démocratiques, et elles ont toujours causé des maux de tête aux gouvernements. Dans notre opération, ces lieux se sont avérés décisifs pour évaluer, dans le cadre d'un film de témoignage, l'état d'âme du peuple face à la dictature ainsi que son attachement au souvenir d'Allende.

Notre première surprise a été de constater que les noms bien connus des dirigeants en exil ne disent pas grand-chose aux membres de la nouvelle génération qui tiennent maintenant la dictature en échec. A leurs yeux, ils sont les protagonistes d'une légende glorieuse qui n'a guère de rapports avec la réalité actuelle. Même si cela peut sembler paradoxal, voilà bien la faillite la plus grave du régime militaire. Dès qu'il a pris le pouvoir, le général Pinochet a proclamé sa volonté de rester en place tant qu'il n'aurait pas effacé de la mémoire des nouvelles générations le dernier souvenir du système démocratique. Mais il ne pouvait imaginer que son propre régime allait devenir la victime de cette entreprise d'extermination. Il y a peu, désespéré par l'agressivité des jeunes gens qui se battent à coups de pierres dans la rue contre les brigades anti-émeutes, qui luttent les armes à la main dans la clandestinité, qui conspirent et font de la politique pour rétablir un système que beaucoup d'entre eux n'ont pas connu, Pinochet s'est écrié, hors de lui, que cette jeunesse agissait ainsi parce qu'elle n'avait pas la moindre idée de ce qu'était la démocratie au Chili !

Le nom de Salvador Allende entretient le souvenir du passé, et le culte de sa mémoire prend des proportions mythiques dans les *poblaciones*. Nous souhaitions connaître, avant tout, les conditions de vie de leurs habitants, leur degré de conscience face à la dictature, leur manière de concevoir la lutte. Partout on nous a répondu avec franchise et spontanéité, et toujours en se référant à Allende. Beaucoup de témoignages concordaient : « J'ai toujours voté pour lui, jamais pour un autre. » En effet, Allende avait été tant de fois candidat au long de sa vie, qu'avant son élection, on se plaisait à dire que son épitaphe serait : *Ci-gît Salvador Allende, futur Président du Chili.* Il a posé quatre fois sa candidature avant d'être élu, mais il avait d'abord été député et sénateur, et il avait conservé ces charges au cours des élections suivantes.

En outre, pendant son interminable carrière parlementaire, il s'est porté candidat dans la majorité des provinces d'un bout à l'autre du pays, depuis la frontière péruvienne jusqu'à la Patagonie. Aussi connaissait-il à fond chaque centimètre carré du territoire, ses habitants, ses cultures diverses, ses amertumes et ses rêves. La population entière l'a connu en chair et en os. Contrairement à tant de politiciens qu'on ne voit que dans les journaux ou à la télévision, ou que l'on n'entend qu'à la radio, Allende faisait de la politique en allant de maison en maison, en contact direct et chaleureux avec les gens, fidèle à ce qu'il était en réalité : un médecin de famille. Sa compréhension de l'être humain, alliée à un instinct quasi animal du métier de politicien, suscitait parfois des réactions contradictoires peu faciles à affronter. Alors qu'il était président, un homme a défilé devant lui, lors d'une manifestation, en portant une pancarte insolite : *Ce Gouvernement est merdique, mais c'est mon Gouvernement.* Allende s'est levé, a applaudi et est descendu de la tribune pour lui serrer la main.

Durant notre long voyage à travers le pays, nous n'avons pas trouvé un seul endroit qui ne garde sa trace. Il y avait toujours quelqu'un qu'il avait salué, quelqu'un dont il avait parrainé un enfant, quelqu'un dont il avait soigné une toux pernicieuse avec une infusion d'herbes du jardin, ou à qui il avait trouvé un emploi, ou contre qui il avait gagné une partie d'échecs. Tout ce qu'il a touché se conserve comme une relique. Là où nous nous y attendions le moins, on nous montrait une chaise en meilleur état que les autres : « Il s'y est assis un jour. » Ou l'on nous indiquait un petit objet d'artisanat : « C'est lui qui nous l'a offert. » Une jeune femme de dix-neuf ans, qui avait déjà un enfant et en attendait un autre, nous a dit : « J'explique toujours à mon fils qui était le Président, alors que je ne le connaissais pas beaucoup : j'avais à peine neuf ans quand il s'en est allé. » Nous lui avons demandé quels souvenirs elle gardait de lui, et elle a répondu : « J'étais avec mon père, et j'ai vu quelqu'un parler sur un balcon en agitant un mouchoir blanc. » Dans une pièce où l'on voyait une image de la Vierge du Carmen, nous avons demandé à la maîtresse de maison si elle était partisan d'Allende, et elle nous a répondu : « Je ne l'étais pas : je le suis. » Alors elle a soulevé le tableau de la Vierge, et derrière il y avait un portrait de l'ancien Président.

A l'époque de son mandat, on vendait sur les marchés populaires des petits bustes d'Allende qui sont aujourd'hui vénérés dans les *poblaciones*, ornés de vases de fleurs et de lampes votives. Son souvenir se retrouve partout, chez les vieux qui ont voté quatre fois pour lui, chez ceux qui l'ont fait trois fois, chez ceux qui l'ont élu, chez les enfants qui ne le connaissent que par la mémoire historique. Beaucoup de femmes interrogées ont répété la même phrase : « Le seul Président qui a parlé des droits de la femme, c'est Allende. » En fait, les gens ne disent presque jamais son nom, mais bien « Le Président ». Comme s'il l'était encore, comme s'il avait été le seul, comme s'ils attendaient son retour. Mais ce qui persiste dans la mémoire des *poblaciones*, ce n'est pas tant son image que la grandeur de sa pensée humaniste. « Peu nous importe le toit et le pain, mais que l'on nous rende la dignité », disaient-ils. Et plus concrètement : « Tout ce que nous voulons, c'est ce qu'ils nous ont enlevé : la parole et le droit de vote. »

Le culte d'Allende se perçoit beaucoup plus encore à Valparaíso, le port très actif où il est né, où il a grandi et où il s'est formé à la vie politique. C'est là, dans la maison d'un cordonnier anarchiste, qu'il a lu les premiers livres théoriques et contracté pour toujours la passion du jeu d'échecs. Son grand-père, Ramón Allende, a fondé la première école laïque du Chili, et la première loge maçonnique, où son petit-fils allait atteindre le grade suprême de Grand Maître. La première action mémorable d'Allende a eu lieu pendant « les douze jours socialistes » de Marmaduque Grove, personnage qui est déjà entré dans la légende et dont le frère a épousé une sœur du Président.

On peut s'étonner que la dictature militaire ait enterré Allende à Valparaíso, là où lui-même, sans doute, l'aurait souhaité. En secret et sans la moindre cérémonie, ils ont transporté son corps la nuit du 11 septembre 1973, dans un vieil avion à hélice de l'armée de l'air par les fissures duquel pénétraient les vents glacés du sud, avec pour toute compagnie son épouse, Hortensia Busi, et sa sœur Laura. Un ancien membre des services d'espionnage de la Junte militaire, qui est entré avec les premiers assaillants dans le palais de la Monnaie, a déclaré au journaliste nord-américain Thomas Hauser qu'il avait vu le cadavre du Président « avec la tête ouverte et des lambeaux de cerveau par terre et sur le mur ». Voilà ce qui explique peut-être que, lorsque la femme d'Allende a demandé à voir le visage de son mari dans le cercueil, les militaires ont refusé de le montrer, et elle n'a aperçu que le buste recouvert d'un drap. Ils l'ont enterré au cimetière de Santa Inés, dans le mausolée familial de Marmaduque Grove, sans autre offrande qu'un bouquet de fleurs déposé par son épouse, et dont le ruban disait : « Ici est enterré Salvador Allende, Président du Chili. » On croyait ainsi le soustraire à la vénération populaire, mais il n'en a rien été. La tombe est aujourd'hui un lieu de pèlerinages constants, et il y a toujours des fleurs déposées par des mains invisibles. Pour essayer d'enrayer cette coutume, le gouvernement a prétendu que le cadavre avait été déplacé, mais les fleurs fraîches continuent d'affluer.

Le culte de Pablo Neruda dans sa maison marine d'Isla Negra[1] reste aussi très vivace chez les nouvelles générations. Malgré son nom, cette localité légendaire n'est ni noire ni insulaire. C'est un village de pêcheurs à quarante kilomètres au sud de Valparaíso, par la route de San Antonio, bordée de sentiers de terre jaune entre des pins gigantesques et qui longe une vaillante mer verte aux grandes vagues. Pablo Neruda y avait une maison qui est devenue un lieu de pèlerinage pour les amoureux du monde entier. Nous y avons pris les devants avec Franquie, afin d'établir le plan de tournage pendant que l'équipe italienne effectuait les dernières prises de vues dans le port de Valparaíso. Le carabinier de garde nous a indiqué où était le pont, où était l'auberge, où étaient d'autres lieux que le poète a célébrés dans ses vers, mais il m'a prévenu qu'il était interdit de visiter sa maison.

– Vous pouvez la voir de l'extérieur, a-t-il dit.

En attendant l'équipe à l'auberge, nous avons compris à quel point le poète était l'âme d'Isla Negra. Quand il y séjournait, des jeunes du monde

1. Voir le recueil de Neruda : *Mémorial de l'Ile Noire*, Gallimard *(N.d.T.)*.

entier arpentaient l'endroit avec pour seul guide touristique ses *Vingt poèmes d'amour*[1]. Ils ne voulaient rien d'autre que le voir un instant, et tout au plus lui demander un autographe, car la vue du lieu leur suffisait. L'auberge était alors joyeuse et animée, et Neruda y apparaissait de temps à autre, énorme et lent comme un pape, avec ses ponchos aux couleurs vives et ses bonnets andins. Il y venait pour téléphoner – car il avait fait couper sa ligne pour plus de tranquillité – ou pour demander à Doña Elena, la propriétaire, de préparer un dîner d'amis qu'il offrait chez lui ce soir-là. Ce qui signifie que la cuisine de l'auberge était de très haut vol, car Neruda était un spécialiste en raffinements culinaires de la terre entière et savait les préparer comme un professionnel. Il poussait si loin le culte de la bonne chère qu'il se souciait du moindre détail à l'heure de dresser la table, et il était capable de changer la nappe, la vaisselle ou les couverts – autant de fois qu'il le fallait – jusqu'à ce que tout s'accorde avec le type de plats qu'on allait servir. Douze ans après sa mort, les lieux semblaient comme rasés par un vent de désolation. Doña Elena, accablée par les douleurs de la nostalgie, était partie pour Santiago, et l'auberge était sur le point de s'écrouler. Mais il restait encore un vestige de grande poésie : depuis le dernier tremblement de terre, le sol bouge à Isla Negra toutes les dix ou quinze minutes, oui, tous les jours avec toutes leurs nuits.

1. *Vingt Poèmes d'amour et une chanson désespérée*, Paris, Editeurs Français Réunis *(N.d.T.)*.

LA TERRE TREMBLE TOUJOURS A ISLA NEGRA

Nous avons trouvé la maison de Neruda à l'ombre des pins qui lui servent d'anges gardiens, entourée d'une clôture de près d'un mètre de haut, que le poète a placée autour de sa vie privée. Maintenant des fleurs poussent sur les bois des montants. Un écriteau avertit que la maison a été scellée par la police, et qu'il est interdit d'entrer et de photographier. Le carabinier chargé de faire la ronde a été encore plus explicite : « Ici, tout est interdit. » Comme nous le savions déjà avant d'arriver, le cameraman italien a emporté un énorme équipement, particulièrement voyant, afin qu'il soit confisqué au poste des carabiniers, mais il a introduit en cachette des appareils portatifs. De surcroît, le groupe a été réparti dans trois voitures, afin d'acheminer les bobines à Santiago au fur et à mesure du tournage, de sorte que si nous étions surpris, nous ne perdrions qu'une partie du matériel. En cas d'alerte, l'équipe ferait semblant de ne pas nous connaître, et Franquie et moi serions d'innocents touristes.

Les portes étaient fermées de l'intérieur, les fenêtres avaient été couvertes de rideaux blancs, et le mât à l'entrée était sans drapeau, car on ne le hissait qu'à l'occasion des séjours du poète. Pourtant, au milieu de toute cette tristesse, notre attention était attirée par la splendeur du jardin, soigné par des mains anonymes. Mathilde, la femme du poète, décédée peu avant notre visite, avait emporté les meubles après le coup d'Etat, et les livres et les collections de toutes les choses divines et humaines que le poète avait rassemblées au long de sa vie errante. Ce n'était pas la simplicité qui distinguait les maisons qu'il avait occupées dans divers coins du monde, mais plutôt une exubérance impressionnante. Sa fièvre d'appréhender la nature – et pas seulement dans ses vers magistraux – l'a poussé à collectionner des coquillages déments, de grandes figures de proue, des papillons de cauchemar, des verres et des vases exotiques. Dans l'une de ses maisons, on trouvait soudain un cheval disséqué qui semblait vivant au milieu d'un bureau. En outre, parmi ses grandes obsessions créatrices, la plus évidente, après la poésie, était de remodeler à son gré l'architecture de ses demeures. L'une d'entre elles était tellement singulière que, pour passer du salon à la salle à manger, il fallait faire un détour par le patio, et le poète avait des parapluies disponibles pour que ses invités puissent manger sans prendre froid par temps de pluie. Nul ne se réjouissait davantage ni ne riait plus que lui de ses propres extravagances. Ses amis vénézuéliens, qui établissaient un rapport entre le mauvais goût et le mauvais œil, lui disaient que ces collections étaient *funestes*. Autrement dit : maléfiques. Et lui, mort de rire, rétorquait que la poésie est l'antidote à tout mauvais sort, et il l'a démontré à satiété avec ses redoutables collections.

En réalité, sa principale résidence était celle de la rue Marqués de la Plata, à Santiago, où il est mort d'une vieille leucémie aggravée par la tristesse, peu après le coup d'Etat, et elle a été saccagée par des patrouilles de répression qui ont allumé des bûchers de livres dans le jardin. Avec l'argent qu'il avait reçu à l'occasion du Prix Nobel, alors qu'il était encore ambassadeur de l'Unité Populaire à Paris, Neruda avait acheté en Normandie l'ancienne écurie d'un château, transformée en maison d'habitation, au bord d'une eau dormante avec des nénuphars aux fleurs roses. Il y avait de hauts plafonds qui semblaient des voûtes d'église, et les lumières des vitraux revêtaient le poète de couleurs radieuses, tandis qu'il recevait ses amis assis dans son lit avec le faste et la puissance d'un pontife. Il en a à peine profité un an.

Néanmoins, la maison d'Isla Negra est celle que les lecteurs identifient le mieux avec sa poésie. Même aujourd'hui, dans son état d'abandon, elle est encore fréquentée par une nouvelle génération d'amoureux qui n'avaient pas plus de huit ans quand le poète était en vie. Ils viennent de partout, peignant des cœurs avec des initiales ou écrivant des messages d'amour sur la clôture qui interdit l'entrée. Généralement, ce sont des variations sur le même thème : *Juan et Rosa s'aiment à travers Pablo. Merci, Pablo, de nous avoir enseigné l'amour. Nous voulons aimer autant que toi.* Mais il en est d'autres que les carabiniers n'arrivent pas à interdire ni à effacer : *L'amour ne meurt jamais, généraux. Allende et Neruda sont vivants. Une minute d'obscurité ne nous rendra pas aveugles.* Tout cela est écrit aux endroits les plus imprévus et toute la palissade donne l'impression qu'il y a déjà plusieurs générations d'inscriptions superposées par manque d'espace. Si quelqu'un en avait la patience, il pourrait reconstituer des poèmes entiers de Neruda en reclassant les vers isolés que les amoureux ont écrits de mémoire sur les planches de la clôture. Mais le plus impressionnant durant notre visite, c'était que, toutes les dix ou quinze minutes, ces inscriptions paraissaient retrouver vie au gré des profonds tremblements qui secouaient la terre. La palissade semblait vouloir sortir du sol, les charnières craquaient et on entendait des tintements de verres et de métaux comme sur un vaisseau à la dérive. On avait l'impression que le monde entier s'émouvait de tant d'amour semé dans le jardin de la maison.

A l'heure de la vérité, toutes nos précautions se sont avérées inutiles. Personne n'a confisqué les caméras ni interdit le passage à qui que ce soit, car les carabiniers étaient partis déjeuner. Nous avons tout filmé, non seulement ce qui était prévu, mais bien davantage, car Ugo était comme enivré par les mouvements impétueux de la mer, et il entrait jusqu'à la ceinture dans la houle qui déferlait dans un fracas préhistorique contre les rochers. Il risquait sa vie : même sans tremblements de terre, cette mer indomptable aurait pu l'entraîner jusqu'aux falaises. Mais personne ne pouvait le retenir. Ugo filmait sans arrêt, sans direction, délirant derrière son objectif, et toute personne qui connaît bien le métier du cinéma sait qu'il est impossible de diriger ou de contrôler un cameraman en transe.

« GRAZIA EST MONTÉE AU CIEL »

Suivant le programme établi, tous les rouleaux filmés étaient envoyés d'urgence à Santiago pour que Grazia les emporte en Italie le soir même. La date de son voyage n'avait pas été choisie au hasard. Depuis une semaine, nous cherchions comment sortir du Chili tout le matériel filmé jusqu'alors, car nous n'avions pu utiliser la voie clandestine envisagée dans le plan initial. Nous en étions là lorsque la nouvelle s'est répandue que le nouveau cardinal du Chili, Mgr Francisco Fresno, allait arriver de Rome pour remplacer le cardinal Silva Henríquez qui venait de prendre sa retraite à l'âge de soixante-quinze ans. Inspirateur du vicariat de la Solidarité, il laissait derrière lui un sentiment de gratitude populaire et une conscience de lutte au sein du clergé qui empêchaient le pouvoir de dormir.

Il y avait de quoi. Dans les *poblaciones* les plus pauvres, des curés travaillent comme charpentiers, comme maçons, comme simples ouvriers, coude à coude avec les gens du cru, et certains d'entre eux sont morts, tués par la police, lors de manifestations de rue. Ce n'est pas tant la complaisance envers le nouveau cardinal – dont la pensée politique était encore une énigme – que la satisfaction devant la retraite du cardinal Silva Henríquez qui a poussé le gouvernement à interrompre pour quelques jours l'état de siège et à lancer un appel par l'intermédiaire de tous les médias pour que l'on réserve un accueil enthousiaste à Mgr Fresno. Mais au même moment, comme par hasard, le général Pinochet est parti pour un voyage de deux semaines dans le nord du pays, avec sa famille et toute sa cour de jeunes ministres inconnus, sans doute pour que ni lui ni les autres ne se voient obligés de participer à une réception imprévisible. La ville était tellement déconcertée par les contradictions des décisions officielles que deux mille personnes seulement se sont rassemblées sur la place d'Armes, alors qu'on en attendait au moins dix mille.

En tout cas, il était facile de prévoir que cet après-midi d'incertitude gouvernementale était le plus adéquat pour expédier à l'étranger la première moisson de pellicule filmée. Le soir même, nous avons reçu à Valparaíso un message chiffré :

Grazia est montée au ciel. En effet, elle était arrivée dans un aéroport plus quadrillé que jamais, mais encore plus bondé et plus anarchique et les policiers eux-mêmes l'avaient aidée à enregistrer ses bagages et à monter sans perdre de temps dans l'avion par lequel venait d'arriver le cardinal.

7

LA POLICE À L'AFFUT :
LE CERCLE SE REFERME

ELENA avait passé une fin de semaine dans l'angoisse, pendant que je filmais à Concepción et à Valparaíso sans la contacter. Elle avait pour consigne de signaler ma disparition, mais elle s'est accordé un délai supplémentaire, sachant que je suis un improvisateur impénitent. Elle a attendu toute la nuit du samedi. Le dimanche, voyant que je n'arrivais pas, elle a pris contact avec ceux qui auraient pu la mettre sur une piste – mais sans résultat. Elle avait fixé comme date ultime le lundi à midi pour tirer la sonnette d'alarme, quand elle m'a vu entrer à l'hôtel avec le visage non rasé et défait de quelqu'un qui a mal dormi. Elle avait accompli plusieurs missions très importantes et pleines de risques, et elle m'a juré qu'elle n'avait jamais autant souffert avec un faux mari indocile qu'avec moi. Mais cette fois, elle avait une raison supplémentaire – et justifiée – de se plaindre. Au bout d'un nombre incalculable de démarches, de rencontres manquées et d'une planification millimétrique, elle avait mis au point pour ce même lundi, à onze heures du matin, l'entrevue avec les dirigeants du Front patriotique Manuel Rodríguez.

C'était, sans aucun doute, la rencontre la plus difficile à organiser, la plus dangereuse parmi toutes celles que nous avions prévues, et la plus importante aussi. Le Front patriotique Manuel Rodríguez est composé en quasi-totalité de membres d'une génération qui sortait à peine de l'école primaire quand Pinochet s'est emparé du pouvoir. Le Front s'est déclaré partisan de l'unité de tous les secteurs de l'opposition pour renverser la dictature et pour le retour à une démocratie qui permette au peuple chilien de décider, avec une entière autonomie, de son propre destin. Le nom du Front vient d'un personnage légendaire de l'indépendance chilienne en 1810, un homme qui semblait posséder des pouvoirs surnaturels pour se moquer de tous les contrôles. C'est lui qui a maintenu constamment le contact entre l'armée de libération qui opérait à Mendoza, du côté argentin, et les forces clandestines qui résistaient à l'intérieur du Chili, après la déroute des patriotes et la reconquête du pouvoir par les réalistes. Beaucoup d'éléments des circonstances d'alors peuvent être comparés à la situation actuelle du Chili.

S'entretenir avec les dirigeants du Front patriotique est un privilège qui hante les rêves de tout journaliste. Je ne pouvais faire exception. Je suis arrivé au rendez-vous *in extremis,* après avoir laissé les membres de l'équipe aux différents lieux fixés. Je me suis rendu seul à un arrêt d'autobus de la rue Providencia en tenant à la main, comme convenu, le quotidien *El Mercurio* de ce jour-là et un exemplaire de la revue *Qué pasa?* Je devais simplement attendre que quelqu'un s'approche et me demande : « Vous allez à la plage? », à quoi il fallait répondre : « Non, je vais au zoo. » Le mot de passe me semblait aberrant car personne n'aurait l'idée d'aller à la plage en automne, mais les deux officiers de liaison du Front m'ont déclaré par la suite, et avec raison, qu'un message absurde était tout à fait ce qu'il fallait, car nul ne pourrait le formuler par erreur ou par hasard. Dix minutes après mon arrivée, alors que je sentais déjà que ma présence était remarquée dans un tel lieu d'affluence, j'ai vu s'approcher un garçon de taille moyenne, très mince, qui boitait de la jambe gauche et portait un de ces bérets qui trahissaient le conspirateur. Il s'est dirigé tout droit vers moi, et je suis allé à sa rencontre avant qu'il ne récite le mot de passe.

– Tu ne pouvais pas te déguiser autrement ? ai-je déclaré en riant. Accoutré comme tu l'es, je t'ai reconnu tout de suite.

Plus que surpris, il m'a regardé tristement.

– On me remarque beaucoup ?

– A deux lieues à la ronde.

C'était un garçon qui avait le sens de l'humour, et aucune prétention de conspirateur, ce qui a fait baisser la tension dès le premier contact. Au moment où il s'est approché de moi, une camionnette portant le nom d'une boulangerie s'est arrêtée en face et je suis monté à côté du conducteur. Alors, nous avons fait plusieurs tours dans le centre de la ville, et nous sommes allés chercher les membres de l'équipe italienne postés en divers endroits. Ensuite, on nous a laissés en cinq lieux différents, on nous a conduits séparément dans plusieurs voitures, et finalement nous nous sommes tous réunis dans une autre camionnette où se trouvaient déjà les caméras, ainsi que le matériel d'éclairage et de sonorisation. Je n'avais pas l'impression de vivre une aventure sérieuse et grave de la vie réelle, mais de jouer dans un film d'espionnage. Le garçon au béret et à la tête de conspirateur avait disparu lors d'un des nombreux tours de ville, et je ne l'ai jamais revu. A sa place est apparu un conducteur à l'air blagueur, mais d'une rigueur inébranlable. J'ai pris place à côté de lui, et le reste de l'équipe est monté derrière.

– Je vous emmène en promenade, nous a-t-il dit, pour que vous preniez l'air de notre bonne petite mer chilienne.

Il a mis la radio à fond et a commencé à faire des tours et des tours dans la ville, jusqu'à ce que je ne puisse plus situer où nous étions. Et cela ne lui suffisait pas encore, car il nous a ordonné de fermer les yeux en utilisant une tournure chilienne que j'avais oubliée : « Bon, les petits, maintenant on fait dodo. » Voyant que nous ne bougions pas, il a insisté d'une façon plus directe :

– Allons, on se dépêche, on ferme ses petits yeux, aussi longtemps que je le dirai, ou je ne raconte pas la suite de l'histoire.

Il nous a dit que, pour ce type d'opération, le Front possédait un modèle spécial de lunettes aveugles qui, vues de l'extérieur, semblaient des lunettes de soleil, mais au travers desquelles on ne pouvait rien discerner. Cette fois, il les avait oubliées. Les Italiens, derrière, ne comprenaient pas son argot chilien, et j'ai dû traduire.

– Dormez ! ai-je dit.

Du coup, ils comprenaient encore moins.

– Dormir ?

– Exactement, ai-je poursuivi, couchez-vous, fermez les yeux, et ne les ouvrez plus avant mon signal.

LA DISTANCE EXACTE : DIX BOLÉROS

L'équipe s'est pelotonnée dans le fond de la camionnette, et j'ai continué à essayer de reconnaître le quartier que nous commencions à traverser. Mais le conducteur m'a déclaré sans détour :

– La consigne est valable pour vous aussi, camarade. Vous faites simplement un petit dodo.

Alors j'ai appuyé la nuque sur le dossier, j'ai fermé les yeux et je me suis laissé emporter par le courant des boléros qui coulaient sans cesse de la radio. Boléros de toujours : Raúl Chu Moreno, Lucho Gatica, Hugo Romani, Leo Marini. Le temps passait, les générations aussi, mais le boléro demeurait invincible dans le cœur des Chiliens, plus que partout ailleurs. La camionnette s'arrêtait à intervalles réguliers, on entendait des murmures incompréhensibles, et puis la voix du conducteur : « Ciao, on se voit plus tard. » Je crois qu'il parlait avec d'autres militants postés à des endroits cruciaux, qui lui donnaient des informations sur le parcours. Je me suis risqué une fois à ouvrir les yeux, imaginant qu'il ne me verrait pas, et c'est alors que j'ai découvert qu'il avait placé le rétroviseur de manière à pouvoir conduire ou parler avec ses camarades sans nous quitter des yeux.

– Tout doux ! nous a-t-il dit. Au premier qui ouvre les yeux, on rentre à la maison et fini la promenade.

J'ai refermé les yeux et commencé à chanter avec la radio : *Que te quiero, sabrás que te quiero*[1]. Les Italiens ont fait chorus, ce qui a ravi le conducteur.

– C'est ça les petits, chantez simplement, vous le faites très bien. Vous êtes en de bonnes mains.

Avant mon exil, il y avait certains lieux de Santiago que je reconnaissais les yeux fermés : l'abattoir, à cause de l'odeur de sang séché, ou San Miguel, par les odeurs d'huiles de moteur et des

1. « Que je t'aime, tu sauras que je t'aime. »

matériaux de chemins de fer. Au Mexique, où j'ai vécu tant d'années, je savais que j'étais près de la sortie de Cuernavaca en respirant l'odeur de l'usine de papier, impossible à confondre, ou dans le secteur d'Azcapotzalco, à cause des fumées de la raffinerie. Mais ce jour-là, à midi, je n'ai pas reconnu la moindre odeur de Santiago, alors que je cherchais vraiment, par pure curiosité, tout en chantant. Au bout de dix boléros, la camionnette s'est arrêtée.

– On n'ouvre pas ses petits yeux, s'est empressé de nous dire le conducteur. On va sortir en restant bien sages, et en se tenant par la main pour ne pas se casser le petit cul.

Ainsi avons-nous fait, et nous avons commencé à monter et à descendre par un sentier de terre battue, ombragé et peut-être escarpé. A la fin, nous nous sommes enfoncés dans une obscurité moins froide et qui sentait le poisson frais, si bien que j'ai cru un moment que nous étions descendus à Valparaíso, au bord de la mer. Mais nous n'avions pas roulé assez longtemps. Quand le conducteur nous a ordonné d'ouvrir les yeux, nous nous sommes retrouvés tous les cinq dans une pièce étroite, aux murs propres et aux meubles bon marché, mais très bien entretenus. Devant moi, il y avait un jeune homme, bien habillé, avec des moustaches postiches, collées n'importe comment. J'ai éclaté de rire.

– Arrange-toi mieux, lui ai-je dit, tes moustaches, on n'y croit pas.

Lui aussi a éclaté de rire et les a retirées.

– C'est qu'aujourd'hui j'étais pressé, a-t-il expliqué.

La glace était rompue, et nous sommes passés en plaisantant dans l'autre pièce, où un homme très jeune, la tête bandée, était couché et paraissait somnoler. Alors seulement nous avons réalisé que nous étions dans un hôpital clandestin, très bien équipé, et que le blessé était Fernando Larenas Seguel, l'homme le plus recherché du Chili.

Il avait vingt et un ans et militait activement au Front patriotique. Deux semaines auparavant, à Santiago, alors qu'il rentrait chez lui à une heure du matin, seul et désarmé, sa voiture avait été entourée par quatre hommes en civil équipés de fusils. Sans rien lui ordonner, sans lui poser la moindre question, un des hommes a tiré à travers la vitre. La balle a traversé l'avant-bras gauche de Seguel et l'a blessé au crâne. Quarante-huit heures plus tard, quatre responsables du Front patriotique l'ont fait sortir *manu militari* de la clinique Nuestra Señora de las Nieves, où il était toujours dans le coma et sous surveillance policière, et l'ont conduit dans un des quatre hôpitaux clandestins du mouvement. Le jour de l'entrevue, il était déjà en voie de guérison et suffisamment rétabli pour répondre à nos questions.

Peu de temps après cette rencontre, nous avons été reçus par les plus hauts dirigeants du Front, avec les mêmes précautions quasi cinématographiques, mais à une différence près, et qui était significative : au lieu d'un hôpital clandestin, nous avons découvert une maison de la classe moyenne, gaie et chaleureuse, avec une collection écrasante de disques des grands maîtres et une excellente bibliothèque remplie de livres lus, ce qui n'est pas très fréquent dans beaucoup de bonnes bibliothèques. Notre première idée était de filmer les dirigeants portant des cagoules, mais finalement nous avons décidé d'assurer leur protection par des moyens techniques d'éclairage et de cadrage. Le résultat – comme on le voit dans le film – est à la fois plus convaincant et plus humain, et bien entendu moins truculent que les entrevues habituelles de dirigeants clandestins.

Une fois terminées les diverses rencontres avec des personnalités officielles et clandestines, Elena et moi avons décidé qu'elle reprendrait ses activités normales en Europe, où elle vivait depuis un certain temps. Son travail politique est trop important pour qu'elle soit soumise à plus de risques que le strict nécessaire, et l'expérience acquise jusqu'alors me permettrait de terminer seul les dernières séquences du film, que j'imaginais moins dangereuses. Je ne l'ai pas revue depuis lors, mais lorsqu'elle s'est éloignée vers la station de métro, vêtue à nouveau de sa jupe écossaise et chaussée de ses mocassins d'écolière, j'ai compris que j'allais la regretter bien plus que je ne le soupçonnais, après tant d'heures de semblant d'amour et d'alarmes partagées.

En prévision d'un cas de force majeure où les équipes étrangères auraient dû quitter le Chili ou n'auraient pu effectuer leur travail, un secteur de la résistance intérieure m'avait aidé à former une équipe de jeunes cinéastes parmi ses militants. Heureuse idée. Cette équipe a rempli sa tâche aussi rapidement que les autres – et avec d'aussi bons résultats. Elle travaillait d'autant mieux que ses membres savaient exactement ce qu'ils faisaient, et leur organisation politique nous avait assuré non seulement qu'on pouvait leur faire une confiance absolue, mais qu'ils étaient bien entraînés pour affronter des risques. Au bout du compte, quand nous avons constaté que les équipes étrangères ne suffisaient pas à la tâche, il a fallu recruter du nouveau personnel pour filmer dans les *poblaciones*. Alors, l'équipe chilienne s'est chargée d'en former d'autres, et celles-ci ont fait de même, si bien que, la dernière semaine, nous comptions six équipes du pays qui travaillaient en même temps dans divers endroits. En outre, tout cela m'a permis de mieux mesurer le degré de détermination et l'efficacité de la nouvelle génération qui s'est engagée, sans bruit ni précipitation, à libérer le Chili du désastre militaire. Malgré leur jeune âge, tous ces militants ont bien plus qu'une vision de l'avenir. Ils ont déjà tout un passé d'exploits anonymes et de victoires occultes, qu'ils gardent dans leur cœur avec beaucoup de modestie.

LE CERCLE SE REFERME

Au moment même où nous avons rencontré les dirigeants du Front patriotique, l'équipe française est arrivée à Santiago. Elle avait très bien rempli sa mission. Son travail était indispensable, car le nord est le bastion historique de la formation des partis politiques au Chili. C'est là qu'on évalue le mieux la continuité idéologique et politique qui s'est établie depuis Luis Emilio Recabarren, fondateur du premier parti ouvrier à l'aube du siècle, jusqu'à Salvador Allende. Cette région possède une des mines de cuivre les plus riches du monde, industrialisée par les Anglais au siècle dernier, ce qui a donné naissance à notre classe ouvrière. En outre, c'est de là qu'est parti le mouvement social chilien, sans doute le plus important d'Amérique latine. Quand Allende a pris le pouvoir, sa décision la plus importante, et la plus périlleuse, a été de nationaliser le cuivre. Une des premières mesures de Pinochet a été de le restituer aux propriétaires traditionnels.

Le rapport d'activités du directeur de l'équipe française, Jean-Claude, était copieux et très détaillé. Je devais imaginer son travail sur l'écran pour ne pas gâcher l'unité du film, car je ne pourrais voir les rushes avant mon retour à Madrid, quand tout serait terminé, et il serait alors trop tard pour ajuster quoi que ce soit. En partie pour des raisons de sécurité, mais plus que tout pour le plaisir d'être au Chili, nous ne nous sommes pas rencontrés dans un endroit précis, mais nous avons parcouru la ville pendant une autre matinée de cet automne crucial. Nous avons marché dans le centre, nous sommes montés dans les autobus les moins fréquentés, nous avons pris le café aux endroits les plus voyants, mangé des fruits de mer arrosés de bière et, la nuit tombée, nous étions si loin de l'hôtel qu'il nous a fallu prendre le métro.

Je ne le connaissais pas encore. En effet, il a été inauguré par la Junte militaire, mais sa construction a commencé sous le gouvernement de Frei, et s'est poursuivie sous Allende. J'ai été surpris par sa propreté et sa commodité, et par la facilité avec laquelle mes compatriotes se sont habitués à voyager sous terre. C'était un monde que j'ignorais jusqu'alors, car nous n'avions pas trouvé d'argument convaincant pour obtenir une autorisation de tournage. Le fait qu'il a été construit par des Français nous a donné l'idée que l'équipe de Jean-Claude pourrait peut-être y parvenir. Nous en parlions quand nous sommes arrivés à la station Pedro Valdivia et, en prenant l'escalier pour sortir, j'ai eu la nette impression que quelqu'un nous observait. C'était exact : un policier en civil nous regardait avec une telle attention que son regard et le mien se sont croisés à mi-chemin.

J'étais alors capable de reconnaître un policier en civil dans la foule. Bien qu'ils se croient habillés comme tout le monde, ils ont un aspect impossible à confondre, avec leur veste trois quarts bleu foncé, passée de mode, et leurs cheveux quasi tondus, comme les conscrits. Mais ce qui les trahit d'emblée, c'est leur façon de regarder, car les Chiliens ne regardent personne dans la rue et marchent ou voyagent en autobus avec le regard fixe.

Ainsi, quand j'ai vu cet homme corpulent qui continuait à me regarder alors qu'il se savait découvert, j'ai compris tout de suite que c'était un policier. Il avait les mains dans les poches de sa grosse veste, la cigarette aux lèvres et l'œil gauche à demi fermé par la fumée, dans une pose pitoyable de détective de film. Je ne sais pourquoi j'ai pensé que c'était le fameux Guatón Romo (Ventru l'Obtus), un tueur à gages de la dictature qui s'est fait passer pour un ardent gauchiste et a dénoncé de nombreux militants clandestins qui ont été ensuite sacrifiés.

J'avoue avoir commis une grave erreur en le regardant, mais je n'ai pu l'éviter : c'était une impulsion irrésistible. Ensuite, poussé par la même force intinctive, j'ai regardé à ma gauche, puis à ma droite, et j'en ai vu deux autres. « Parle-moi de n'importe quoi », ai-je dit à Jean-Claude tout bas. « Parle-moi, mais pas un geste, pas un regard, ne fais rien. » Il a compris, nous avons continué à marcher d'un air innocent, et nous sommes sortis. Il faisait déjà nuit, mais l'air était devenu tiède et plus limpide que les jours précédents. Beaucoup de gens rentraient chez eux par l'Alameda. Alors je me suis séparé de Jean-Claude :

– Disparais, lui ai-je dit. Je te retrouve après.

Il est parti à droite en courant et je me suis perdu dans la foule en direction inverse. J'ai pris un taxi qui passait devant moi juste à ce moment, comme envoyé par ma mère, et j'ai aperçu à nouveau les trois hommes étonnés qui venaient de sortir du métro et ne savaient qui suivre, de Jean-Claude ou de moi, et la multitude les a engloutis. Je suis descendu quatre rues plus loin, j'ai pris un autre taxi, puis un autre et encore un autre, jusqu'à ce qu'il me paraisse impossible d'être suivi. Ce que je n'ai pas compris, et que je ne saisis toujours pas, c'est pourquoi ils nous filaient. Je me suis finalement arrêté devant le premier cinéma venu et je suis entré sans même regarder le programme, persuadé à mon habitude, par pure déformation professionnelle, qu'il n'y a pas de lieu plus sûr ni plus propice à la réflexion.

MON DERRIÈRE VOUS PLAÎT, MONSIEUR?

C'était un programme mixte : un mélange de projection et de spectacle sur scène. Je n'étais pas encore assis que le film s'est achevé. La salle s'est éclairée à demi et le présentateur a commencé un laïus interminable pour vendre son spectacle. J'étais encore sous le coup de l'émotion, à tel point que je continuais à regarder vers la porte pour voir si j'étais suivi. Du coup, mes voisins ont commencé à regarder dans la même direction, avec cette curiosité irrépressible qui est sans doute une loi du comportement humain, comme on le constate dans la rue quand quelqu'un regarde le ciel, et que la foule entière finit par s'arrêter, le nez en l'air, pour essayer de distinguer ce que l'autre voit. Mais ici, il y avait sûrement une raison supplémentaire. Tout, dans ce lieu, était équivoque : la décoration, l'éclairage, la conception même du cinéma-cabaret de *strip-tease*, et surtout les spectateurs, tous masculins, avec cet air d'échappés d'allez savoir où. Chacun semblait se cacher et moi plus que les autres. A tort ou à raison, tout policier y aurait vu une assemblée de suspects.

L'impression de spectacle interdit était cultivée par les imprésarios, tout spécialement par le présentateur qui annonçait l'entrée en scène des choristes avec des descriptions qui faisaient plutôt songer aux plats succulents d'un long menu. Et ces dames apparaissaient quand il les avait bien suppliées, plus à poil encore que dans leur tenue de naissance, car elles se maquillaient le corps pour s'inventer des charmes qu'elles n'avaient pas. Puis le défilé s'est interrompu et il n'est resté en scène qu'une brune aux rondeurs astronomiques, qui tortillait des hanches et remuait les lèvres pour faire croire qu'elle interprétait la chanson d'un disque à tout casser de Rocío Jurado. Le temps s'était suffisamment écoulé pour que je me risque à sortir, quand elle est descendue de la scène avec un micro comme un serpent et a commencé à poser des questions d'une grâce impudente. J'attendais une bonne occasion de m'en aller, lorsque je me suis senti ébloui par le projecteur et que j'ai entendu la voix faubourienne de la fausse Rocío :

– Voyons, vous, monsieur, celui qui a une calvitie tellement élégante.

Ce n'était pas moi, évidemment, c'était l'autre, eh bien non, malheureusement c'était moi et je devais répondre pour l'autre. La chanteuse s'est approchée en traînant le câble du micro et a parlé si près de mon visage que j'ai perçu les oignons de son haleine.

– Que pensez-vous de mes hanches?

– Très bien, ai-je dit dans le micro. Que voulez-vous que je dise?

Puis elle a tourné le dos et gigoté des fesses pratiquement contre mon nez.

– Et mon derrière, monsieur, qu'en pensez-vous ?

– Formidable, ai-je répondu. Pensez donc !

Après chacune de mes réponses, on entendait un enregistrement d'éclats de rire en masse dans les haut-parleurs, comme dans les comédies infantiles de la télévision nord-américaine. Le truc était indispensable, mais personne ne riait dans la salle. On remarquait plutôt, chez tout le monde, une grande envie de se faire tout petit. La chanteuse s'est encore rapprochée, et elle continuait à se contorsionner tout près de ma figure pour que je voie l'authentique grain de beauté qu'elle avait sur une fesse, noir et velu comme une araignée.

– Il vous plaît mon grain de beauté, monsieur ?

A chaque question, elle me mettait le micro devant la bouche pour qu'on entende bien ma réponse.

– Bien sûr, ai-je dit, tout est très joli.

– Et que feriez-vous avec moi, monsieur, si je vous proposais de passer une nuit dans mon lit ? Allez, racontez-moi tout.

– Ecoutez, je ne sais que vous dire, ai-je répondu. Je vous aimerais beaucoup.

Le supplice n'en finirait jamais. En outre, j'étais tellement gêné que j'avais oublié de parler comme un Uruguayen, et j'ai voulu corriger l'erreur au dernier moment. Alors elle m'a demandé d'où j'étais, en essayant d'imiter mon accent indéfini, et quand je lui ai répondu, elle s'est exclamée :

– Les Uruguayens sont très bons au lit. Pas vous ?

Il ne me restait pas d'autre solution que de jouer les grincheux.

– S'il vous plaît, lui ai-je dit, ne m'en demandez pas plus.

Alors elle a compris qu'il n'y avait plus rien à

faire avec moi, et elle a cherché un autre interlocuteur. Dès qu'il m'a semblé que ma sortie ne serait pas trop remarquée, j'ai quitté les lieux à toute vitesse et j'ai marché jusqu'à l'hôtel, de plus en plus préoccupé par l'idée que rien de ce qui était arrivé ce soir-là n'était dû au hasard.

8

ATTENTION : UN GÉNÉRAL EST PRÊT À TOUT RACONTER

En dehors des contacts pris par Elena, j'avais constitué un réseau d'activités marginales avec des amis d'antan, qui m'ont aidé à former les équipes chiliennes de tournage et à circuler en toute liberté dans les *poblaciones*. La première personne que j'ai cherchée, après mon retour de Concepción, c'était Eloísa, une femme élégante et belle, qui a épousé un industriel très connu. Elle m'a présenté sa belle-mère, une veuve de plus de soixante-dix ans, courageuse et ingénieuse, qui soulageait sa solitude en grignotant des feuilletons télévisés, alors que son rêve doré était d'être la protagoniste d'aventures intrépides dans la vie réelle.

Eloísa et moi avions été complices dans des activités politiques à l'Université, et notre amitié s'était consolidée pendant la dernière campagne d'Allende, à laquelle nous avions participé ensemble dans le secteur de la propagande. Peu après mon arrivée, j'ai appris par hasard qu'elle était la star d'une firme de relations publiques, et je n'ai pu résister à la tentation de lui donner un coup de téléphone anonyme pour m'assurer qu'il s'agissait bien d'elle. La voix sereine et décidée qui m'a répondu semblait être la sienne, en effet, mais il y avait quelque chose de moins convaincant dans la diction. Aussi me suis-je posté, ce soir-là, dans une cafétéria de la rue Huérfanos, d'où je pourrais la voir sortir de son bureau. C'était elle. Non seulement elle n'accusait pas les douze ans qui s'étaient écoulés pour elle comme pour moi, mais elle était plus élégante et plus belle que jamais. En outre, j'ai constaté qu'elle n'avait pas de chauffeur en livrée, comme on aurait pu le supposer de la part de l'épouse d'un bourgeois influent, mais qu'elle conduisait elle-même une éblouissante BMW 635 de couleur platine. Alors je lui ai envoyé un mot d'une seule ligne : « Antonio est ici et veut te voir. » C'était le faux nom sous lequel elle m'avait connu pendant les luttes politiques à l'Université, et j'étais sûr qu'elle s'en souviendrait.

Je ne me suis pas trompé. Le lendemain, à treize heures précises, le requin argenté est lentement passé au coin d'Apoquindo, face à l'agence Renault. J'ai sauté à l'intérieur, fermé la porte, elle est restée ébahie jusqu'au moment où elle a entendu mon rire.

– Tu es fou! a-t-elle dit.

– Tu en doutais encore? ai-je répondu.

Nous sommes partis déjeuner à l'auberge où je m'étais rendu seul le premier jour, mais nous avons trouvé les portes condamnées par des planches en croix et un écriteau qui ressemblait à une épitaphe : *Fermé pour toujours.* Alors nous nous sommes dirigés vers un restaurant français que je connaissais dans les environs. J'ai oublié son nom, mais il est confortable, on y est bien servi, et il se situe en face du motel le plus connu et le plus chic de la ville. Eloísa s'amusait en reconnaissant les voitures des clients qui préféraient faire l'amour pendant que nous déjeunions, et je ne me lassais pas d'admirer la maturité de sa bonne humeur.

Je suis allé droit au fait. Je lui ai raconté sans détour les raisons de mon séjour clandestin, et je lui ai demandé sa collaboration pour établir certains contacts qui seraient peut-être moins risqués pour une femme comme elle, protégée par les privilèges de son rang. Cela se passait au moment où nous n'avions pas encore trouvé le moyen de filmer dans les *poblaciones*, faute de bons parrains politiques, et je pensais qu'elle pourrait m'aider à rencontrer des amis communs de l'époque de l'Unité Populaire, devenus inaccessibles pour moi dans les ténèbres de la clandestinité.

Non seulement elle a accepté avec un grand enthousiasme, mais, trois nuits de suite, elle s'est rendue avec moi à des réunions secrètes, dans des secteurs de la ville où il était moins dangereux d'arriver avec une voiture sacro-sainte comme la sienne.

– Personne ne peut imaginer qu'une BMW 635 soit l'ennemie de la dictature, a-t-elle déclaré enchantée.

C'est grâce à cela que je n'ai pas été arrêté, une nuit où Eloísa et moi avons été surpris lors d'une réunion clandestine par une de ces nombreuses pannes d'électricité que la résistance provoquait alors. Les responsables de la réunion m'avaient mis au courant de l'opération. Il y aurait d'abord une panne de quarante minutes, puis d'une heure, enfin une troisième qui laisserait Santiago sans lumière pendant deux ou trois jours. La réunion était prévue très tôt, car les forces de répression se trouvaient dans un état de nervosité quasi hystérique pendant les pannes, et les coups de filet dans les rues étaient brutaux et sans discrimination. Ensuite, ce serait le couvre-feu. Mais nous avons tous été retardés par des inconvénients de dernière minute, et nous n'avions pas encore terminé le principal entretien quand la première panne a eu lieu.

Les responsables politiques de la rencontre ont décidé qu'Eloísa et moi partirions aussitôt que le courant serait rétabli et que les autres sortiraient ensuite séparément. Aussi, dès que la lumière est revenue, nous sommes partis par une route non pavée, au bord d'une montagne. Soudain, sortant d'un tournant, nous avons vu devant nous plusieurs camionnettes de la C.N.I. qui formaient une espèce de tunnel des deux côtés de la chaussée. Les agents en civil étaient armés de mitraillettes. Eloísa a voulu freiner, mais je l'en ai empêché.

– Mais il faut s'arrêter, a-t-elle dit.

– Continue, ai-je répondu. Calme-toi, continue à bavarder, continue à rire et ne t'arrête que si on te l'ordonne. J'ai mes papiers en règle.

Je n'avais pas fini de parler quand j'ai tâté ma poche et mon foie s'est glacé : je n'avais pas mon portefeuille avec mes pièces d'identité. Un des hommes, le bras levé, a barré la route, et Eloísa a dû s'arrêter. Il a éclairé nos visages avec une torche électrique, puis il a promené le faisceau de lumière dans la voiture et nous a laissés passer sans dire un mot. Eloísa avait raison : il n'était pas possible de croire qu'une voiture comme la sienne représentait un danger politique.

UNE GRAND-MÈRE EN PARACHUTE

C'est dans ces jours-là que j'ai connu sa belle-mère et, dès la première visite, nous avons décidé tous les deux de l'appeler Clemencia Isaura, par une association d'idées que nous ne sommes jamais parvenus à éclaircir. Nous avons débarqué sans prévenir au numéro 727 de la somptueuse maison des hauts quartiers, à cinq heures de l'après-midi, et nous l'avons trouvée dans son état de placidité habituelle, prenant le thé avec des petites galettes anglaises pendant que les tirs d'armes lourdes résonnaient dans la pièce et que l'écran du téléviseur se remplissait de sang. Elle portait un tailleur de marque, un chapeau et des gants, car elle a pour habitude de prendre le thé à cinq heures pile, vêtue comme pour une fête d'anniversaire, tout en vivant seule. Pourtant, ces coutumes de roman anglais ne l'avaient pas empêchée, déjà mariée et mère de famille, de piloter des planeurs au Canada et d'avoir à son actif un bon nombre de sauts en parachute.

Quand elle a su que nous venions la voir pour des affaires clandestines, importantes et dangereuses, elle m'a dit : « Quelle bonne idée, la vie est tellement ennuyeuse ici qu'on s'habille, on s'arrange, on se fait beau – et on ne sait pas pourquoi. » Pourtant, la requête précise de m'aider à localiser cinq personnes dans des quartiers difficiles d'accès l'a un peu déçue.

– Si au moins c'était pour mettre des bombes! a-t-elle dit.

Je ne voulais pas chercher ces cinq personnes par les canaux ordinaires de la résistance. Ils avaient tous travaillé avec moi, bien avant l'Unité Populaire. Aucun n'avait été exilé. L'un d'entre eux était celui qui avait prévenu Ely, le jour du coup d'Etat, qu'on était en train de me fusiller devant les Films Chili. Un autre avait été interné dans un camp de concentration pendant la première année de la dictature, pour continuer ensuite à vivre à Santiago, menant apparemment une vie normale, mais en poursuivant un travail politique inlassable. Un autre avait résidé pendant un certain temps au Mexique, où il avait pris contact avec des exilés chiliens, puis il était revenu, avec des papiers légaux, pour œuvrer dans la résistance. Un autre avait étudié avec moi à l'école de théâtre, nous avions continué à travailler ensemble au cinéma et à la télévision, et, aujourd'hui, c'est un dirigeant ouvrier actif. Un autre, enfin, avait séjourné en Italie pendant deux ans, et il est maintenant chauffeur routier, ce qui lui permet de faire un bon travail de coordination. Tous les cinq avaient changé d'adresse, de profession et d'identité, et je n'avais pas la moindre piste pour les retrouver. Il y a plus d'un millier de Chiliens qui vivent ainsi, travaillant dans la résistance sous une identité différente de celle qui était la leur jusqu'à 1973, et le défi pour Clemencia Isaura était de trouver le bout du fil pour remonter jusqu'à l'écheveau.

De surcroît, les contacts préalables qu'elle établirait seraient indispensables, car ils permettraient d'évaluer l'état d'esprit actuel de mes vieux amis, avant de leur révéler ma présence au Chili et de solliciter leur aide. Je ne sais pas de façon précise comment elle s'y est prise. A peine avons-nous eu le temps de nous voir avant mon départ, et je ne lui ai pas posé beaucoup de questions concrètes, vu que je ne pensais pas alors raconter son aventure pour qu'elle figure dans un livre. Tout ce qu'elle m'a dit, c'est qu'elle n'avait jamais vu à la télévision un film aussi impressionnant que celui qu'elle avait vécu.

Je sais qu'elle a dû marcher des jours entiers dans les quartiers marginaux, questionnant ici, vérifiant là, à partir des minces fils conducteurs que je retrouvais dans mes souvenirs. Je lui avais conseillé de se vêtir d'une façon qui lui permettrait de se confondre avec les pauvres, mais elle n'en a pas tenu compte. Habillée comme pour prendre le thé et croquer des petits gateaux anglais, elle s'est rendue sur les lieux scabreux et bruyants de l'abattoir de Santiago. La surprise devait être grande chez ceux qui se voyaient subitement abordés par une vieille dame altière qui se renseignait sur des adresses incertaines avec une curiosité suspecte. Mais son irrésistible sympathie et sa chaleur humaine inspiraient une confiance immédiate. Le fait est qu'au bout d'une semaine, elle avait retrouvé trois des amis perdus, et qu'elle a organisé pour eux, au numéro 727, un repas qui n'aurait pas été meilleur ni plus solennel dans un dîner de gala. C'est de là qu'est issue la formation de la première équipe chilienne, de là que sont venus tous les contacts pour filmer dans les *poblaciones.* L'inoubliable protagoniste de l'étape suivante de coordination a été une femme admirable, jeune, humble, presque invisible, dont la diligence inouïe et le sens de l'organisation clandestine ont fait qu'il n'y a pas eu un seul faux pas pendant toute la durée du tournage dans les *poblaciones.* Le nom que nous lui donnions, qui était d'ailleurs le seul que nous lui connaissions, était à la fois une définition de son image et un hommage à son courage : « la petite fourmi invincible ».

LA LONGUE RECHERCHE DU GENERAL ELECTRIC

Tandis que Clemencia Isaura remplissait sa mission, j'avais profité du temps libre pour établir des contacts de haut niveau avec l'aide d'Eloísa. Nous nous trouvions un soir dans un restaurant de luxe pour attendre un émissaire, qui évidemment n'est jamais arrivé, quand sont entrés deux généraux avec la poitrine blindée de décorations. Elle les a salués de loin avec un geste si familier de la main que j'ai été envahi de sombres pressentiments. L'un d'eux s'est approché de notre table et a bavardé debout avec Eloísa, pendant quelques minutes, à propos de frivolités mondaines et sans me faire même l'aumône d'un regard. Je n'ai pu identifier son grade, car je n'ai jamais appris à distinguer les étoiles des généraux de celles des hôtels. Quand il est retourné à sa place, elle a baissé la voix et, pour la première fois, elle m'a parlé de ses bonnes relations avec certains militaires de haut rang, qu'elle avait coutume de fréquenter pour son travail.

A son avis, un des facteurs qui expliquent la permanence de Pinochet au pouvoir est le fait qu'il a retiré de son entourage les officiers de sa génération pour les remplacer par un haut commandement de nouveaux officiers qui ont toujours été beaucoup plus bas que lui dans la hiérarchie, qui ne sont pas ses amis, qui le connaissent à peine, et dont la majorité lui obéissent avec une soumission inconditionnelle. Mais, dans le même temps, c'est le côté le plus vulnérable de sa politique, car beaucoup de nouveaux officiers pensent qu'on ne peut les accuser de l'assassinat d'Allende, ni de s'être emparés du pouvoir, ni des années sanglantes de la répression barbare. Ils ont l'impression d'avoir les mains propres, et se croient donc destinés à convenir avec les civils d'un retour sans douleur à la démocratie. Devant mon visage étonné, Eloísa est allée plus loin : il y avait pour le moins un général de sa connaissance qui était disposé à faire des révélations publiques sur les profondes lézardes dans le corps des Forces Armées.

– Il meurt d'envie de parler, a-t-elle ajouté.

La nouvelle m'a bouleversé. La possibilité d'inclure dans mon film un témoignage aussi spectaculaire a complètement modifié la perspective des jours suivants. Malheureusement, Eloísa ne pouvait assumer le risque de pendre le premier contact et elle n'aurait même pas eu le temps d'essayer, car elle partait deux jours plus tard en Europe pour un voyage de trois mois avec son mari.

Néanmoins, Clemencia Isaura m'a convoqué d'urgence chez elle quelques jours plus tard et m'a remis le message codé que quelqu'un lui avait laissé à la demande d'Eloísa pour que je puisse rencontrer le militaire non conformiste. Nous l'avions déjà baptisé d'un nom secret : General Electric. Clemencia m'a donné un échiquier électronique, tout petit, pour jouer des parties solitaires, et je devais l'emporter le lendemain à l'église San Francisco, à partir de cinq heures de l'après-midi.

Je ne me rappelle pas depuis combien de temps je n'étais pas entré dans une église. Une des choses qui ont retenu mon attention était qu'il y avait beaucoup de femmes et d'hommes lisant des romans ou des journaux, jouant tout seuls ou s'amusant à des jeux enfantins comme celui du chat et de la souris. Alors seulement j'ai compris pourquoi Eloísa m'avait fait venir avec cet échiquier électronique, un objet qui, au début, m'avait paru peu adéquat pour passer inaperçu dans une église. Tout comme dans la rue le soir de mon arrivée, les gens étaient taciturnes, dans la pénombre de la fin du jour. En réalité, les Chiliens étaient déjà ainsi avant l'Unité Populaire. Le grand changement a eu lieu quand la candidature d'Allende s'est affermie et qu'on a vu qu'il pouvait gagner. Sa victoire nous a soudain transformés en un pays différent; nous chantions dans les rues, nous peignions sur les murs, nous faisions du théâtre et des séances de cinéma en plein air, et toutes les couches sociales se confondaient dans des manifestations de foule où chacun donnait libre cours à sa joie de vivre.

J'avais attendu deux jours consécutifs en jouant aux échecs avec mon autre moi uruguayen, quand j'ai entendu un murmure de femme. J'étais assis et elle était agenouillée sur le banc derrière moi, de sorte qu'elle me parlait presque dans l'oreille.

– Pas un regard ni un mot, m'a-t-elle dit d'une voix de confessionnal, apprends par cœur le numéro de téléphone et le mot de passe que je vais te donner, et ne sors pas de l'église moins d'un quart d'heure après moi.

C'est seulement quand elle s'est levée et dirigée vers le grand autel que j'ai vu qu'il s'agissait d'une religieuse, jeune et très belle. Je n'ai dû retenir que le mot de passe, car j'ai marqué le numéro de téléphone avec les pions du jeu d'échecs. On supposait que ces données me conduiraient jusqu'au General Electric. Pourtant, les dés semblaient déjà jetés d'une autre façon. Pendant les jours qui ont suivi, j'ai téléphoné sans faute et avec une anxiété croissante au numéro indiqué et j'ai toujours obtenu la même réponse : « Demain. »

QUI COMPREND LA POLICE ?

Quand je m'y attendais le moins, Jean-Claude m'a surpris avec une mauvaise nouvelle. Selon une dépêche de l'agence France Presse, datée de Santiago la semaine précédente et publiée à Paris, trois membres d'une équipe italienne de cinéma qui travaillaient au Chili dans des conditions incertaines avaient été arrêtés par la police alors qu'ils filmaient sans permis dans la *población* de La Legua.

Franquie pensait que nous avions touché le fond. J'essayais d'envisager le problème plus calmement. Jean-Claude ne savait pas qu'il y avait deux autres équipes de tournage, pas plus que les autres ne se connaissaient entre elles, et son appréhension était donc plutôt d'ordre analogique : si des personnes qui filmaient dans les mêmes conditions que lui avaient été arrêtées, il courait le risque de l'être lui-même. J'ai tenté de l'apaiser.

– Ne t'en fais pas, lui ai-je dit, tout cela n'a rien à voir avec nous.

Dès qu'on m'a laissé seul, j'ai cherché les Italiens et je les ai rencontrés sains et saufs où ils devaient se trouver. Grazia était rentrée d'Europe et s'était intégrée à l'équipe. Pourtant, Ugo m'a confirmé que le télex avait également été publié en Italie, bien que démenti par l'agence italienne. Par malheur, la fausse nouvelle se référait bel et bien à eux, mentionnait leurs noms et s'était répandue très rapidement. Rien d'étonnant à cela. Santiago sous la dictature et un essaim de rumeurs. Elles naissent, se multiplient et s'évanouissent plusieurs fois par jour, dans une profusion époustouflante, mais elles reposent toujours sur un fond de vérité. La nouvelle concernant les Italiens ne faisait pas exception à la règle. On en avait tellement parlé la veille au soir lors d'une réception à l'ambassade italienne que, lorsque les membres de l'équipe sont entrés, ils ont été accueillis – rien que cela – par le chef de la Direction générale des Communications, qui a déclaré de façon à être entendu par tous les invités :

– Vous voyez ! Voilà nos trois prisonniers.

Avant de connaître l'existence du câble, Grazia avait eu l'impression qu'ils étaient suivis. Finalement, en arrivant à l'hôtel après la réception, ils ont cru qu'on avait fouillé les valises et les papiers dans leurs chambres, mais il ne manquait rien. Ce pouvait être une illusion causée par la surprise de la soirée, mais tout aussi bien une visite d'avertissement. En tout cas, il y avait de solides raisons de croire qu'il se passait quelque chose.

C'est alors que j'ai passé une nuit blanche en écrivant une lettre au président de la Cour Suprême de Justice, où j'exposais mon retour clandestin, pour la tenir prête en cas d'arrestation. Ce n'était pas une inspiration soudaine, mais le résultat d'une lente réflexion qui se faisait plus pressante à mesure que le cercle se resserrait. Au début, j'ai conçu la lettre comme une seule phrase dramatique, un peu comme les messages que les naufragés glissent dans une bouteille. Mais, au moment de l'écrire, j'ai réalisé qu'il fallait donner à mon action une justification politique et humaine, parce que je devais, d'une certaine façon, exprimer le sentiment de milliers et de milliers de Chiliens qui enduraient comme moi la peste de l'exil. J'ai recommencé ma lettre plusieurs fois, le repentir m'a fait déchirer beaucoup de feuilles, enfermé dans une sombre chambre d'hôtel qui était de toute manière une chambre d'exilé sur ma propre terre. Quand j'ai mis le point final, les cloches des églises appelant à la messe venaient de réduire en poussière le silence du couvre-feu et les premières lumières émergeaient à grand-peine à travers le brouillard de cet automne inoubliable.

9

MA PROPRE MÈRE NE ME RECONNAÎT PAS

En réalité, les raisons ne manquaient pas de craindre que la police ait eu vent de ma présence au Chili, et du genre de travail que nous y faisions. Nous étions à Santiago depuis près d'un mois, les équipes avaient été vues en public plus qu'il ne fallait, nous avions pris contact avec des gens très différents, et beaucoup de personnes savaient que le film se tournait sous ma direction. J'étais tellement familiarisé avec ma nouvelle identité que j'oubliais de parler en uruguayen et, dans la vie réelle, je ne me comportais plus comme un clandestin trop circonspect.

Au début, les réunions se faisaient dans des voitures dont nous changions toutes les quatre ou cinq rues, à travers la ville entière. C'était une méthode tellement compliquée que nous prenions parfois des risques plus graves que ceux que nous tentions d'éviter. Un soir, en effet, je suis descendu d'une auto au coin de Providencia et de Los Leones, où l'on devait me reprendre cinq minutes plus tard à bord d'une Renault 12 de couleur bleue, avec un carton de la Société protectrice des animaux derrière le pare-brise. Elle est arrivée si ponctuellement, tellement Renault 12 et tellement bleue, que je n'ai même pas fait attention à l'écriteau. Je suis monté à l'arrière, où il y avait une femme ruisselante de bijoux, d'âge mûr, mais encore très belle, avec un parfum provocant et un manteau de vison rosé qui devait coûter deux ou trois fois plus que la voiture. Un échantillon typique, bien que plutôt rare, des hauts quartiers de Santiago. En me voyant, elle est restée bouche bée, mais je me suis empressé de la rassurer avec le mot de passe :

– Où puis-je acheter un parapluie à cette heure ?

Le chauffeur en livrée s'est tourné vers moi et a aboyé :

– Descendez, ou j'appelle la police.

D'un coup d'œil, j'ai constaté que le carton n'était pas derrière le pare-brise, et j'ai senti à l'estomac la crampe du ridicule. « Pardon, ai-je dit, je me suis trompé de voiture. » Mais la femme avait déjà retrouvé ses esprits. Elle m'a retenu par le bras et elle a apaisé le chauffeur d'une douce voix de soprano.

– Les magasins Paris sont-ils ouverts ? lui a-t-elle demandé.

Le chauffeur pensait que oui. Alors elle s'est entêtée à me conduire acheter mon parapluie. En plus d'être belle, elle était gracieuse et chaleureuse, et donnait de grandes envies d'oublier pour une nuit la répression, la politique, l'art, et de rester avec elle dans cette atmosphère saturée par son intimité. Elle m'a laissé à l'entrée des magasins Paris, et elle s'est encore excusée de ne pas m'accompagner au rayon parapluies, car elle avait déjà près d'une demi-heure de retard et devait retrouver son mari pour assister au concert d'un pianiste de réputation internationale dont j'ai oublié le nom.

C'étaient des risques qu'entraînait la routine. Nous utilisions chaque fois moins de phrases codées dans les réunions clandestines. Nous étions les amis des émissaires dès le premier salut; nous n'allions pas droit au but, mais nous nous attardions à commenter la situation politique, nous parlions de nouveautés au cinéma et en littérature, d'amis communs que je souhaitais voir en dépit des avertissements que j'avais reçus contre cette tentation. Pour se donner une allure plus innocente, un messager est arrivé au rendez-vous avec un de ses enfants, et celui-ci m'a demandé, étranglé d'émotion : « C'est toi qui fais un film sur Superman ? » Ainsi, j'ai commencé à comprendre qu'on pouvait vivre en cachette au Chili, comme des centaines d'exilés qui étaient revenus incognito et poursuivaient leur vie quotidienne sans la tension que j'avais ressentie au début. A telle enseigne que, si je ne m'étais pas engagé à faire ce film – un engagement pris non seulement avec mon pays et mes amis, mais aussi avec moi-même – j'aurais changé de profession, de milieu social, et j'aurais continué à vivre à Santiago avec mon visage de toujours.

Pourtant, un minimum de prudence me forçait à agir différemment, puisque nous soupçonnions que la police nous suivait à la trace. Et le travail n'était pas terminé : nous n'avions pas encore tourné à l'intérieur du palais de la Monnaie – l'autorisation était systématiquement ajournée pour des raisons incompréhensibles –, ni à Puerto Montt et dans la région du Valle Central, sans parler de l'entretien inespéré avec le General Electric. En outre, je voulais entreprendre moi-même le tournage à Valle Central, puisque c'est l'endroit où je suis né et où j'ai vécu jusqu'à l'adolescence. C'est là que ma mère vit toujours, dans le modeste hameau de

Palmilla, mais on m'avait formellement conseillé de ne pas tenter de la voir durant ce voyage pour des raisons de sécurité élémentaire.

J'ai commencé par réorganiser le travail des équipes étrangères, de telle sorte qu'elles puissent achever leur tâche le plus vite possible et en courant le moins de risques, avant de rentrer dans leurs pays respectifs. Seuls les Italiens resteraient à Santiago, afin de nous accompagner lors du tournage au palais de la Monnaie. L'équipe française retournerait à Paris dès qu'elle aurait filmé « la marche de la faim », annoncée pour les prochains jours.

L'équipe hollandaise m'attendait à Puerto Montt, pour filmer tout près du cercle polaire et pénétrer ensuite en Argentine par le passage frontalier de Bariloche. Quand les trois équipes auraient quitté le pays, le film serait tourné à quatre-vingts pour cent et le matériel développé en lieu sûr : à Madrid. Ely avait accompli un travail d'une telle efficacité que, lorsque je suis rentré en Espagne, le film était prêt pour le montage.

« LITTÍN EST VENU, A FILMÉ ET S'EN EST ALLÉ »

Au vu des circonstances, il valait mieux que Franquie et moi fassions mine de quitter le pays, pour revenir ensuite avec plus de précautions. Le voyage à Puerto Montt s'y prêtait à merveille, car il est aussi facile de l'entreprendre via l'Argentine que par le Chili. J'ai donc demandé à l'équipe hollandaise de m'attendre dans le Nord, j'ai fixé un rendez-vous avec une des équipes chiliennes, trois jours plus tard, dans la vallée de Colchagua, au centre du pays, et j'ai pris l'avion avec Franquie pour Buenos Aires. Peu auparavant, j'ai téléphoné à la revue *Análisis*, et j'ai accordé à la journaliste Patricia Collier une longue entrevue sur mon séjour clandestin à Santiago. Deux jours après mon départ, l'entretien était publié avec ma photo en couverture et un titre où entrait une petite goutte d'espièglerie à la romaine : *Littín est venu, a filmé et s'en est allé.*

Pour que tout semble encore plus vrai, Clemencia Isaura nous a conduits, Franquie et moi, à l'aéroport de Pudahuel, au volant de sa propre voiture, et nous a quittés avec larmes et baisers dignes d'un bon théâtre. Nous sommes partis de la façon la plus ostensible, mais surveillés de près par les services de sécurité de la résistance. Cela nous a permis de constater que nous n'étions pas fichés à l'aéroport, et de laisser la trace de notre départ dans les registres. Ainsi, en cas de recherche ultérieure, la police penserait que nous avions quitté le pays.

A Buenos Aires, j'ai montré mon vrai passeport, pour ne pas commettre un acte illégal dans un pays ami. Mais au moment de le présenter au guichet de l'immigration, j'ai été confronté à un problème imprévu : la photo des papiers authentiques, prise avant ma métamorphose, ne me ressemblait guère. Il était difficile de me reconnaître avec les sourcils épilés, la calvitie accentuée, les lunettes de myope. De plus, on m'avait prévenu qu'il était aussi difficile d'endosser une personnalité différente que de recouvrer la sienne, et c'est justement quand j'avais besoin d'en tenir compte que je l'avais complètement oublié. Par bonheur, le contrôleur argentin ne m'a pas dévisagé, et j'ai survécu au drame silencieux de ne pas même pouvoir être moi quand je l'étais en vérité.

De Buenos Aires, Franquie devait téléphoner à

Ely pour coordonner une foule de détails en suivant mes instructions, et récupérer une somme d'argent qu'elle avait envoyée de Madrid pour couvrir les derniers frais. Nous nous sommes donc séparés dans cette ville pour nous retrouver plus tard à Santiago. J'ai pris un vol pour Mendoza, toujours en territoire argentin, afin d'effectuer quelques prises de vues de la cordillère chilienne. C'était très facile, car on passe de Mendoza au Chili par un tunnel sans contrôles trop sévères. J'ai traversé la frontière à pied, avec une caméra légère de seize millimètres, j'ai filmé de l'autre côté ce que je voulais et je suis reparti dans une voiture de la police chilienne : son conducteur avait eu pitié d'un pauvre journaliste uruguayen qui ne savait comment retourner en Argentine.

De Mendoza, j'ai continué vers Bariloche, une autre localité frontalière plus au sud. Un bateau décrépit, bondé de touristes argentins, uruguayens, brésiliens, et de Chiliens qui rentraient chez eux, nous a conduits jusqu'à la frontière du Chili, à travers un paysage polaire éblouissant, avec d'immenses précipices de glace et des eaux ombrageuses. J'ai fait la dernière étape jusqu'à Puerto Montt sur un transbordeur aux vitres brisées, où entrait le vent glacé avec des hurlements de loup, et où il n'y avait rien pour s'abriter du froid horrifiant, et rien à manger ni à boire : pas un café, pas un verre de vin, rien. Mais mes calculs étaient exacts : si mon départ du Chili avait été enregistré par la police de l'aéroport, je voyais mal comment celle-ci aurait pu imaginer que je rentre dans le pays, le jour suivant, à mille kilomètres de Santiago.

Peu avant l'arrivée à la frontière, un employé du bateau a ramassé pas moins de trois cents passeports qui ont à peine été regardés, en vitesse et sans même un cachet. Hormis les documents chiliens, qui ont été vérifiés en suivant la longue liste des exilés interdits de séjour, suspendue au mur sous les yeux des contrôleurs. Pour les autres, comme pour moi, le passage de la frontière se déroulait sans embûches, quand deux officiers, en qui je n'avais pas reconnu des carabiniers chiliens sous leur accoutrement polaire, ont ordonné d'ouvrir les bagages. J'ai vu que la fouille était méticuleuse, mais je ne m'en suis pas soucié puisque j'étais persuadé de ne rien transporter qui contredise ma fausse identité. Et pourtant, quand j'ai ouvert ma valise, je ne sais combien de paquets vides de cigarettes Gitanes ont roulé par terre. Sur beaucoup d'entre elles, j'avais écrit mes notes de tournage.

J'étais arrivé au pays avec une bonne provision de Gitanes pour deux mois, et je ne m'étais pas risqué à jeter les paquets, qui sont grands, en carton dur et trop connus au Chili, craignant de laisser une trace pour la police. Je gardais en poche ceux que je vidais pendant le travail, puis je les cachais partout, à plus forte raison quand j'y inscrivais mes notes. Il est arrivé un moment où cela semblait une sorte de tour d'illusionniste, car il y avait des paquets vides dans toutes les poches des vêtements pendus dans la garde-robe, sous le matelas, dans les sacs de voyage, et je ne trouvais pas une manière sûre de m'en défaire. Alors j'ai connu le supplice de Tantale des prisonniers qui creusent un tunnel pour s'échapper et ne savent où dissimuler la terre.

Chaque fois que je bouclais ma valise pour changer d'hôtel, je me demandais ce que j'allais faire de tous ces paquets vides. Finalement, je n'ai pas trouvé de solution plus facile que de les transporter dans mes bagages, car si j'étais surpris en train de les détruire, cela semblerait beaucoup plus suspect. J'ai pensé les jeter en Argentine, mais les événements se sont bousculés tellement vite que je n'ai même pas ouvert ma valise. Jusqu'à ce que je doive le faire à la frontière du sud, et que je découvre avec frayeur l'étonnement et la méfiance des carabiniers quand je me suis empressé de ramasser la traînée de paquets.

– Ils sont vides, ai-je dit.

Evidemment, ils ne m'ont pas cru. Alors que le plus jeune s'occupait des autres passagers, l'aîné a ouvert les paquets un par un, les a examinés à l'endroit et à l'envers et a tenté de déchiffrer quelques-unes de mes notes. Alors j'ai eu un éclair d'inspiration.

– Ce sont des petits vers qui me viennent parfois, ai-je commenté.

Il a continué à fureter en silence, puis il m'a dévisagé, pour voir si mon expression lui permettrait de percer le mystère insondable des paquets vides.

– Si vous voulez, gardez-les, ai-je dit.

– Et que voulez-vous que j'en fasse? a-t-il répondu.

Alors il m'a aidé à les remettre dans la valise et s'est occupé du passager suivant. J'étais tellement sous le choc qu'il ne m'est pas venu à l'esprit de les jeter aussitôt à la poubelle, devant les carabiniers. Non, je les ai traînés avec moi jusqu'à la fin du voyage. De retour à Madrid, je n'ai pas laissé Ely les détruire. Je ressentais un tel attachement envers eux que j'ai décidé de les garder pour le restant de mes jours, comme une relique de toutes ces dures expériences que la mémoire mettrait à bouillir à feu doux dans les cuisines de la nostalgie.

« PHOTOGRAPHIEZ DONC L'AVENIR DU PAYS »

L'équipe hollandaise m'attendait à Puerto Montt. Nous n'y avons pas seulement filmé pour la beauté des paysages indescriptibles, mais parce que cette région est très significative dans l'histoire du pays. Elle a été le décor d'une lutte constante. Sous le gouvernement d'Eduardo Frei, elle a été l'objet d'une répression tellement brutale que les dernières forces progressistes ont quitté le pouvoir. La gauche démocratique a compris que son avenir, comme celui de tout le pays, était dans l'unité, et c'est alors qu'a commencé un processus rapide et irréversible qui a culminé avec l'élection d'Allende.

Le tournage à Puerto Montt mettait fin au programme du sud; l'équipe hollandaise a quitté le Chili par Bariloche et s'est rendue à Buenos Aires avec une bonne quantité de matériel filmé, afin de le confier à Ely en Espagne. Je suis parti seul pour Talca, par une bonne nuit de train où il n'est rien survenu de mémorable, sauf un poulet rôti qui est retourné intact à la cuisine, car je n'ai même pas pu découper sa carapace blindée. A Talca, j'ai loué une voiture et j'ai pris la route de San Fernando, au cœur de la vallée de Colchagua.

Sur la place d'Armes, il n'y avait pas un arbre, pas une pierre qui ne me rappelle mon enfance, mais surtout l'édifice vétuste du lycée, où j'ai fait mes premières lettres. Je me suis assis sur un banc pour prendre des photos qui serviraient ensuite au film. La place se remplissait peu à peu du brouhaha des enfants qui entraient à l'école. Certains posaient devant l'appareil, d'autres tentaient de mettre la paume de la main devant l'objectif, une fillette a exécuté un pas de danse d'une façon tellement professionnelle que je lui ai demandé de recommencer pour prendre une photo sur un fond plus adéquat; soudain, plusieurs enfants se sont assis près de moi et m'ont dit :

– Faites une photo de l'avenir du pays.

La phrase m'a surpris, car c'était comme l'écho d'une autre phrase que j'avais notée sur un des innombrables paquets de Gitanes : *Je dirais qu'il est quasi impossible de rencontrer quelqu'un au Chili qui n'ait pas une idée de l'avenir.* Mais c'était encore plus étonnant chez ces enfants qui n'avaient pas connu un pays différent et qui, pourtant, avaient déjà leur propre conviction quant à son destin.

J'avais décidé avec l'équipe chilienne que nous nous retrouverions le matin à onze heures et demie, sur le pont de Los Maquis. Je suis arrivé juste à l'heure, venant du côté droit, et j'ai vu les caméras installées sur la rive opposée. C'était une matinée limpide, baignée dans la vapeur du thym, et je me sentais en sécurité et moins exilé que jamais sur ma terre natale, car j'avais enlevé la cravate et le costume anglais de mon *alter ego*, pour redevenir moi-même, en veste de paysan et en blue-jeans. L'ombre de barbe des deux jours de voyage depuis Buenos Aires, que j'avais pris plaisir à ne pas raser, était une donnée supplémentaire de l'identité retrouvée.

Quand j'ai constaté que le cameraman m'avait vu à travers le viseur, je suis sorti de la voiture et j'ai traversé le pont très lentement pour lui donner le temps de filmer. Puis j'ai salué tous les membres de l'équipe, l'un après l'autre, stimulé par leur enthousiasme et leur maturité précoce. Ils étaient d'un âge invraisemblable : quinze, dix-sept, dix-neuf ans. Ricardo, l'aîné, qui dirigeait l'équipe et en avait vingt-deux, était surnommé « Le Vieux ». Rien ne m'a plus encouragé ces jours-là que d'avoir gagné leur complicité.

Au même endroit, sur la balustrade du pont, nous avons programmé le tournage et commencé immédiatement. Je dois reconnaître que ma motivation d'alors s'écartait un peu du propos initial, pour suivre à la trace mes souvenirs d'enfance. C'est pourquoi j'ai commencé par filmer ce pont de mes nostalgies où une bande de cousines turbulentes m'avaient poussé dans l'eau, quand j'avais douze ans, pour que j'apprenne à nager de force.

Mais, dans le courant de la journée, la raison fondamentale du voyage a repris le dessus. La vallée de San Fernando est une vaste zone agricole où les paysans, réduits à la condition séculaire de serfs, sont devenus pour la première fois des sujets de droit à l'époque de l'Unité Populaire. Auparavant, c'était une forteresse de l'oligarchie féodale, qui décidait des élections avec les votes forcés de ses vassaux. Sous le gouvernement chrétien démocrate d'Eduardo Frei, c'est là que s'est organisée la première grande grève paysanne, à laquelle Allende a participé en personne. Et quand il est arrivé au pouvoir, il a dépouillé les seigneurs de la terre de leurs privilèges démesurés et organisé les paysans en communautés actives et solidaires. Maintenant, comme pour symboliser la régression, c'est dans le Valle Central que se trouve la résidence d'été de Pinochet.

Je ne pouvais quitter ces lieux sans emporter l'image de la statue de Don Nicolás Palacio, auteur de *La Race chilienne*, un ouvrage insolite où il soutient que les Chiliens authentiques, antérieurs aux grandes immigrations – basque, italienne, arabe, française, allemande –, sont les descendants directs des Hellènes de la Grèce classique et que, par conséquent, ils sont voués par le destin à devenir la force hégémonique de l'Amérique latine, et à montrer la voie de la vérité et du salut du monde. Je suis né tout près de là et, pendant toute mon enfance, je m'étais habitué à voir la statue plusieurs fois par jour quand je passais devant sur le chemin de l'école, mais personne n'a jamais su m'expliquer qui elle représentait. Pinochet, admirateur fou de Don Nicolás Palacio, l'a sauvé des limbes historiques avec un autre monument érigé au cœur de Santiago.

La journée terminée, il nous restait à peine le temps de parcourir cent quarante kilomètres pour arriver à Santiago avant le couvre-feu. Presque toute l'équipe en a pris directement le chemin, sauf Ricardo qui est resté avec moi au volant de la voiture, et nous avons fait un long détour jusqu'à la mer, pour choisir les lieux à filmer le lendemain, tellement absorbés par notre travail que nous avons passé quatre contrôles de police sans le moindre sursaut. Après le premier, toutefois, j'ai pris la précaution d'enlever mes vêtements décontractés de Miguel Littín, cinéaste, pour adopter à nouveau mon identité uruguayenne. Nous n'avons pas vu le temps passer, et quand nous avons soudain constaté que le couvre-feu avait sonné depuis une demi-heure, nous avons connu un instant de naufrage. Alors, j'ai dit à Ricardo de quitter la route principale, et nous avons pris un sentier de terre battue dont je me souvenais comme si je l'avais parcouru la veille, et je lui ai dit de tourner à gauche, de passer le pont, puis de prendre à droite par une ruelle invisible où l'on entendait le bruit des animaux éveillés dans le noir, et puis encore d'éteindre les phares et de suivre un chemin non asphalté, aux profonds tournants et aux descentes abruptes, et à la fin du labyrinthe nous avons traversé un hameau endormi dont les chiens tapageurs ont ameuté tous les animaux dans les cours, et à l'autre bout du village nous nous sommes arrêtés devant la maison de ma mère.

Ricardo n'a pas cru – et ne croit toujours pas – que c'était un acte non prémédité. Je jure que c'est la vérité. Quand j'ai compris que nous violions le couvre-feu, j'ai pensé qu'il fallait trouver un gîte jusqu'à l'aube, car il y avait encore quatre contrôles de carabiniers avant Santiago. Et c'est seulement quand nous avons quitté la route que j'ai reconnu le chemin de terre de mon enfance, les aboiements des chiens de l'autre côté du pont, l'odeur de cendre des cuisines éteintes, et alors je n'ai pu réprimer l'impulsion irréfléchie de faire la surprise à ma mère.

« TU DOIS ÊTRE UN AMI DE MES FILS »

Le hameau de Palmilla, avec ses quatre cents âmes, n'a pas changé depuis mon enfance. Mon grand-père paternel – un Palestinien né à Beith Sagur – et mon grand-père maternel – le Grec Cristos Cucumides – sont arrivés parmi les premiers d'une grande vague de migration qui s'est fixée au début du siècle autour de la gare du chemin de fer. La seule importance de Palmilla à cette époque était que la ligne qui assure aujourd'hui la liaison entre Santiago et la côte s'arrêtait là : les passagers étaient transbordés et on déchargeait les produits qui venaient de la mer ou s'y acheminaient, ce qui a favorisé un commerce de transit et assuré au hameau une prospérité momentanée. Ensuite, quand les trains sont allés jusqu'à la côte, la gare est restée ouverte : les trains devaient s'y arrêter pour qu'on asperge d'eau les locomotives pendant une dizaine de minutes – qui, souvent, se prolongeaient toute la journée – et les convois passaient en sifflant sur le seuil de la maison de Mathilde, ma grand-mère arabe, pour annoncer leur arrivée. Mais le village n'a jamais été plus qu'il n'est aujourd'hui : une longue rue avec quelques maisons éparses et un chemin comptant moins de maisons que la rue. Plus bas, on trouve un endroit appelé La Calera, réputé car chaque famille y fabrique un vin excellent que l'on donne à goûter à tous ceux qui passent, afin qu'ils disent quel est le meilleur. C'est ainsi qu'il y a eu une époque où La Calera était devenu le paradis de tous les ivrognes du pays.

Mathilde a introduit à Palmilla les premières revues illustrées, dont elle s'est toujours montrée friande, et elle prêtait le verger d'en face aux gens du cirque, aux théâtres ambulants et aux saltimbanques. C'est là que se projetaient aussi les rares films qui passaient de temps à autre dans ces lieux éloignés de tout, et où ma vocation s'est révélée dès que j'ai vu le premier, assis sur les genoux de ma grand-mère. J'avais cinq ans. On jouait *Geneviève de Brabant*, et le souvenir que j'en garde est plutôt de l'ordre de la frayeur, car beaucoup d'années allaient passer avant que je ne comprenne comment il se faisait que des chevaux galopent et que d'énormes têtes apparaissent sur un drap de lit au milieu des arbres.

La maison où nous sommes arrivés, cette nuit-là, était celle du grand-père grec, où j'ai vécu jusqu'à mon adolescence. Elle a été construite en l'an zéro, et témoigne encore du style traditionnel de la campagne chilienne, avec de longs corridors, des couloirs obscurs, des chambres labyrinthiques, des cuisines énormes et, plus loin, l'étable et les pâturages. Le lieu où elle se situe s'appelle Los Naranjos (Les Orangers), et on y sent en effet une odeur immobile d'oranges sures. Il y a aussi une frondaison de bougainvillées et toutes sortes de fleurs lumineuses.

L'émotion de me retrouver là était tellement vive que je suis descendu de la voiture avant qu'elle ne freine. Je suis entré par les corridors déserts, et j'ai traversé la cour dans les ténèbres. Seul à venir à ma rencontre, un chien nigaud s'est pris entre mes jambes, mais il a poursuivi son chemin sans flairer la moindre trace humaine. A chaque pas, je retrouvais un souvenir, telle heure de l'après-midi, telle odeur oubliée. Au bout d'un long couloir, j'ai montré le bout du nez à la porte du salon tout juste éclairé par une lumière pâle, et ma mère était là.

Etrange vision. Le salon est très grand, avec de hauts plafonds et des parois lisses, et il n'y avait pas d'autre meuble qu'un fauteuil où ma mère était assise, tournant le dos à la porte et avec un brasero à son côté, et un autre fauteuil semblable où avait pris place son frère, mon oncle Pablo. Ils se taisaient, regardant ensemble un même point avec la candeur réjouie qu'ils auraient manifestée devant la télévision, mais ils ne regardaient rien d'autre que le mur nu. J'ai marché vers eux sans essayer de ne pas faire de bruit, et comme ils ne bougeaient pas, j'ai dit :

– Alors, on ne salue personne, sapristi.

Ma mère s'est levée.

– Tu dois être un ami de mes fils, a-t-elle dit. Viens que je t'embrasse.

L'oncle Pablo ne m'avait plus vu depuis mon départ du Chili, douze ans plus tôt, et n'a même pas bougé dans son fauteuil. Ma mère m'avait revu à Madrid, en septembre de l'année précédente, mais elle continuait à ne pas me reconnaître. Je l'ai donc saisie par les bras et je l'ai secouée pour la sortir de sa stupeur.

– Mais regarde-moi bien, Cristina, lui ai-je dit, droit dans les yeux, c'est moi.

Elle m'a considéré à nouveau avec d'autres yeux, mais sans pouvoir m'identifier.

– Non, a-t-elle dit, je ne sais pas qui tu es.

– Mais comment peux-tu ne pas me reconnaître? ai-je répondu, mort de rire. Je suis ton fils, Miguel.

Elle m'a regardé une fois de plus et son visage s'est décomposé sous une pâleur mortelle.

– Aïe! a-t-elle dit, je vais m'évanouir.

J'ai dû la soutenir pour qu'elle ne tombe pas, alors que l'oncle Pablo se redressait dans le même état de commotion.

– Voilà bien la dernière personne que je m'attendais à voir, a-t-il déclaré, maintenant je peux mourir en paix.

Je me suis précipité pour l'embrasser. Il avait l'air d'un petit oiseau, avec sa tête toute blanche et enveloppé dans une couverture de vieillard, bien qu'il ne soit mon aîné que de cinq ans. Il s'est marié et séparé une seule fois, et depuis lors il vit dans la maison de ma mère. Il a toujours été très solitaire et paraissait déjà vieux quand il était enfant.

– Ne plaisantez pas, mon oncle, lui ai-je dit, vous n'allez pas me faire le coup de mourir maintenant. Apportez donc une bouteille de vin pour fêter les retrouvailles.

Ma mère nous a interrompus, comme toujours, avec une révélation surnaturelle.

– J'ai préparé le *mastul*, a-t-elle dit.

Je ne l'ai pas crue avant de le voir dans la cuisine. Et il y avait de quoi. Le *mastul* se prépare seulement dans les maisons grecques pour les grandes occasions, car son élaboration est très dispendieuse. C'est un ragoût d'agneau, avec des pois chiches et des boulettes de semoule, un peu comme le couscous, et c'était le premier que ma mère préparait cette année sans aucune raison. Par pure inspiration.

Ricardo a dîné avec nous et s'est retiré dans sa chambre, sans doute pour nous laisser en toute intimité. Un peu plus tard, mon oncle s'est levé, et ma mère et moi avons continué à bavarder jusqu'à l'aube. Nous avons toujours beaucoup discuté tous les deux, plutôt comme des amis, car il n'y a pas une grande différence d'âge entre nous. Elle avait seize ans quand elle a épousé mon père, et elle m'a mis au monde un an plus tard, de sorte que je me souviens très bien d'elle quand elle avait vingt ans. Elle était tendre et très jolie, et jouait avec moi comme si je n'étais pas un enfant, mais bien une de ses poupées de chiffon.

Elle était maintenant toute radieuse, mais un peu intimidée par ma nouvelle façon de m'habiller, car elle a toujours aimé me voir dans mes accoutrements de débardeur. « Tu as l'air d'un curé », m'a-t-elle dit. Mais je ne lui ai pas révélé les raisons de cette métamorphose, pas plus que les conditions de mon entrée au Chili, qu'elle supposait légale. J'ai préféré la laisser en dehors de mon aventure, pour ne pas l'inquiéter, bien sûr, mais surtout pour ne pas la compromettre.

Avant le point du jour, elle m'a pris par la main, sans rien dire, m'a conduit à travers la cour en s'éclairant avec un bougeoir comme dans les romans de Dickens, et elle m'a fait la grande surprise du voyage. Dans le fond de la cour, il y avait le bureau qui était le mien dans la maison de Santiago quand j'ai dû partir, et tel que je l'avais laissé, avec tout ce qu'il contenait.

Quand les militaires ont violé notre domicile une dernière fois, et que j'ai dû fuir au Mexique avec Ely et les enfants, ma mère a chargé un ami architecte de démonter mon studio planche par planche et de le reconstruire tel quel dans la vieille demeure familiale de Palmilla. Vu de l'intérieur, c'était comme si je n'étais jamais parti. A l'endroit même où je les avais laissés, voire dans le même désordre, il y avait mes papiers de toute une vie, des œuvres théâtrales de jeunesse, des projets de scénarios, des ébauches de synopsis. L'air avait la même couleur, la même odeur, et j'ai même pensé que c'était la même date et la même heure où j'avais vu le bureau pour la dernière fois. J'ai été parcouru d'un long frisson car je ne savais pas si ma mère avait organisé cette reconstitution méticuleuse pour que je ne perde pas tout à fait ma maison antérieure si je revenais un jour, ou pour mieux se souvenir de moi si je mourais en exil.

10

HAPPY END
AVEC L'AIDE DE LA POLICE

Rentrer à Santiago, cette fois, signifiait aussi affronter la tempête. L'impression que le cercle se resserrait de plus en plus autour de nous était presque palpable. « La marche de la faim » avait été réprimée avec une brutalité sanglante, et la police avait frappé certains membres de nos équipes et détruit une caméra. Les gens que nous fréquentions pensaient que personne n'avait cru à notre fausse sortie, et même Clemencia Isaura avait la conviction que nous nous étions mis comme des saints innocents dans la fosse aux lions. Les démarches pour rencontrer le général dissident étaient bloquées par l'éternelle réponse : « Rappelez demain. » C'est alors que l'équipe italienne a été informée que le tournage à l'intérieur de La Monnaie était autorisé pour le lendemain, à onze heures du matin.

Il était impossible de croire qu'il ne s'agissait pas d'un piège. J'étais prêt à courir le risque, mais c'était une lourde responsabilité que d'ordonner aux Italiens d'entrer dans les bureaux présidentiels sans savoir si ce n'était pas une souricière. Ceux-ci, pourtant, ont accepté de le faire, en pleine conscience du danger. De son côté, l'équipe française n'avait plus de raison de rester à Santiago. Je l'ai donc réunie d'urgence pour qu'elle quitte le Chili par le premier avion, en emportant tout le matériel filmé que nous devions encore expédier à Madrid. Elle est partie l'après-midi même, juste à l'heure où l'équipe italienne, sous ma direction, filmait dans le bureau du général Pinochet.

Avant de me rendre à La Monnaie, j'ai donné à Franquie la lettre destinée à la Cour Suprême de Justice. Je la transportais dans mon sac de voyage depuis plusieurs jours, sans me décider à l'envoyer, et j'ai demandé à mon ami de la remettre immédiatement en main propre, ce qu'il a fait. Je lui ai aussi laissé les numéros de téléphone qu'Elena nous avait donnés en cas d'incident grave. A onze heures moins le quart, il m'a déposé à Providencia, où j'ai rejoint l'équipe italienne au grand complet, et nous avons continué ensemble vers le palais. Paradoxe final : cette fois, je m'étais dépouillé du déguisement de publiciste uruguayen, pour remettre des blue-jeans et une grosse chemise fourrée en peau de lapin. C'était le résultat d'une décision de dernière minute. En effet, les antécédents de Grazia comme ceux d'Ugo, le cameraman, et de Guido, le preneur de son, avaient fait l'objet de recherches approfondies. Leurs assistants, par contre, n'avaient même pas dû montrer leurs papiers, alors que leurs noms figuraient aussi sur la demande d'autorisation. Cela réglait ma situation : je suis entré comme assistant-éclairagiste, chargé de câbles et de projecteurs.

Nous avons filmé deux jours entiers, en toute tranquillité et dans de bonnes conditions techniques, guidés par trois jeunes officiers, très aimables, qui se relayaient pour nous prêter leurs services. Nous posions mille questions sur tout ce qui concernait la restauration, car Grazia s'était très bien documentée à propos de l'œuvre de Toesca et de l'architecture italienne au Chili, afin qu'il ne fasse aucun doute que c'était le seul et unique propos du tournage. Les militaires, eux aussi, étaient très bien préparés. Ils nous racontaient avec force détails la signification et l'histoire de chaque pièce du palais, et comment la restauration avait suivi le plan de l'édifice antérieur, mais ils faisaient des miracles de circonlocutions dans l'art de l'échappatoire pour ne pas citer le 11 septembre 1973. La vérité est que la restauration a été très fidèle : on a muré des portes, on en a ouvert d'autres, on a abattu des murs, changé des cloisons de place, et on a supprimé l'entrée par le 80 de la rue Morandé, réservée naguère aux visites privées. Bref, il y a eu tant de changements que quiconque a connu l'ancien palais serait incapable de s'orienter dans le nouveau.

Les officiers qui nous accompagnaient passaient un mauvais moment chaque fois que nous demandions à voir l'original de l'Acte d'Indépendance qui avait été exposé, pendant des années, dans la salle des ministres, et dont nous savions qu'il avait été détruit sous le bombardement. Ils ne l'ont jamais admis; au contraire, ils nous promettaient d'obtenir plus tard une permission spéciale pour le filmer, mais encore et toujours plus tard, jusqu'à la fin du tournage. De la même façon, ils n'ont jamais su nous dire où se trouvait le bureau de Don Diego Portales, et tant d'autres reliques que les présidents successifs avaient laissées au long des années pour constituer un petit musée historique qui a été dévoré par les flammes. Peut-être les bustes de tous les présidents depuis O'Higgins ont-ils subi le même sort, à moins qu'on ne doive s'en tenir à une version courante selon laquelle le gouvernement les a fait retirer de la galerie qui les avait toujours abrités pour ne pas se voir contraint d'exposer celui de Salvador Allende. Généralement, l'impression qu'on a quand on a visité entièrement le palais est que tout a été changé dans l'unique but d'effacer jusqu'au dernier vestige du président assassiné.

Le second jour du tournage à La Monnaie, vers les onze heures, nous avons soudain perçu une agitation invisible dans l'air et nous avons entendu des bruits pressés de bottes et de fers martiaux. L'officier, près de nous, a tout à coup changé d'humeur et nous a ordonné d'un geste brutal d'éteindre les éclairages et d'arrêter de filmer. Deux escortes en civil se sont plantées en face de nous, prêtes à intervenir si nous tentions de continuer le travail. Nous ne comprenions pas ce qui se passait. Puis nous avons vu arriver le général Pinochet en personne, verdâtre et tuméfié, qui se dirigeait vers son bureau avec un militaire subalterne et deux civils. La vision était tellement instantanée qu'elle nous a transformés en statues, et il est passé si près de nous que nous avons entendu clairement ce qu'il disait :

– Il ne faut jamais croire les femmes, même quand elles disent vrai.

Ugo était pétrifié, le doigt fixé sur la détente de la caméra, comme s'il était en train de voir passer son destin. « Si quelqu'un était venu pour le tuer, nous a-t-il dit plus tard, l'affaire n'était pas bien difficile. » Notre programme prévoyait encore trois heures de travail, mais nul n'a eu le courage de continuer ce jour-là.

UN FOU AU RESTAURANT

Après le tournage à La Monnaie, l'équipe italienne a quitté le pays avec tout le reste du matériel et sans rencontrer le moindre obstacle. Nous arrivions ainsi à un total de trente deux mille deux cents mètres de pellicule filmée. La version finale, après six mois de montage à Madrid, s'est réduite à quatre heures pour la télévision et à deux heures pour le cinéma.

Nous avions terminé le programme initial, mais Franquie et moi sommes encore restés quatre jours, dans l'espoir de contacter enfin le General Electric. Pendant deux jours, je me suis rendu toutes les six heures à la même cafétéria, en suivant les indications reçues par téléphone. Je m'asseyais et j'attendais sans hâte, en lisant une fois de plus l'exemplaire du *Partage des eaux*, qui me sert de talisman pour prendre l'avion. L'agent de liaison attendu, une jeune fille angélique de vingt ans, qui portait l'uniforme de l'école snob de *La Maisonnette*[1], est arrivée à l'avant-dernier rendez-vous prévu et m'a indiqué l'étape suivante : Chez Henri, le restaurant bien connu de Portales, où je devais me rendre ce soir-là, à partir de six heures, avec un exemplaire d'*El Mercurio* et une revue d'historiettes.

Je suis arrivé avec un peu de retard, car le taxi a été bloqué dans la manifestation d'un nouveau mouvement de résistance pacifique contre la dictature, issu du sacrifice par le feu de Sebastían Acevedo à Concepción. Alors que les blindés de la police tentaient de les disperser avec des pompes à haute pression, plus de deux cents manifestants, trempés jusqu'à la moelle, demeuraient impassibles contre le mur, en chantant des hymnes d'amour. Encore ému par cette démonstration bouleversante, j'ai pris place sur un tabouret du bar pour lire la page éditoriale d'*El Mercurio*, ainsi

1. En français dans le texte *(N.d.T.)*.

que la collégienne me l'avait indiqué, en attendant quelqu'un qui s'approcherait pour me dire : « Les pages éditoriales vous intéressent beaucoup? » Et je devais répondre par l'affirmative. L'autre me demanderait pourquoi, et je devais répliquer : « Parce qu'on y trouve des informations d'ordre économique qui sont d'un grand intérêt dans ma profession. » Ensuite, je devais sortir du restaurant et une voiture m'attendrait à la porte.

J'avais lu trois fois les pages éditoriales d'un bout à l'autre quand quelqu'un est passé derrière moi et m'a donné un petit coup de coude dans les reins. Je me suis dit : « C'est lui. » J'ai regardé. C'était un homme d'une trentaine d'années, lent, aux épaules massives, qui a continué son chemin vers les lavabos. J'ai pensé que son signal voulait dire que je devais le suivre de ce côté, mais je ne l'ai pas fait, attendant toujours le mot de passe. J'ai surveillé l'entrée des toilettes jusqu'à ce qu'il revienne et me donne un autre coup semblable au premier. Alors je me suis retourné et je l'ai regardé bien en face. Il avait le nez en chou-fleur, les lèvres boudinées, les arcades sourcilières fendues.

– Salut, m'a-t-il dit. Comment ça va?

– Bien, très bien, ai-je répondu.

Il s'est assis sur le tabouret voisin et m'a parlé très familièrement :

– Tu te souviens de moi?

– Bien sûr, mon vieux, ai-je dit pour suivre le courant. Comment donc!

Nous avons discuté quelques minutes ainsi, et je lui laissais voir le journal d'une manière ostensible pour qu'il se rappelle le mot de passe. Mais lui n'y était pas du tout. Il est resté à côté de moi, à me regarder.

– Bon, a-t-il, pourquoi ne m'offres-tu pas un café ?

– Très volontiers, mon vieux.

J'ai commandé deux cafés au garçon, mais celui-ci n'en a déposé qu'un seul sur le comptoir.

– J'en ai demandé deux, ai-je dit. Un autre pour Monsieur.

– Ah oui ! a dit le garçon. Je le sers tout de suite.

Mais il ne l'a pas fait. Le plus étrange, c'était que l'homme ne semblait pas s'en soucier, et l'extravagance de la situation m'a rendu plus nerveux. Il m'a mis la main sur l'épaule et m'a dit :

– Je vois que vous ne vous souvenez pas de moi, hein ?

Alors j'ai décidé de m'en aller.

– Ecoutez, lui ai-je dit, franchement, non.

Il a sorti de son portefeuille une coupure de presse jaunie et l'a poussée sous mes yeux.

– Celui-là, c'est moi, m'a-t-il dit.

Alors je l'ai reconnu. C'était un ancien champion de boxe, plus fameux dans la ville pour son déséquilibre mental que pour ses gloires passées. Voulant partir avant de me transformer en pôle d'attraction, j'ai demandé l'addition.

– Et mon café ? a-t-il dit.

– Prenez-le donc ailleurs, ai-je répondu. Je peux vous laisser l'argent.

– Comment ça, me donner de l'argent ! a-t-il rétorqué, vous croyez que parce qu'on m'a mis K.O., je suis devenu un minable sans dignité ? Pas de ça avec moi.

Il criait si fort que tous les regards s'étaient tournés vers nous.

Alors j'ai agrippé son redoutable poignet de boxeur et je l'ai serré avec ces mains de bûcheron que j'ai heureusement héritées de mon père.

– Vous allez rester tranquille, vous m'entendez, lui ai-je dit en le regardant dans les yeux. Plus un mot !

J'ai eu de la chance, car il s'est calmé aussi vite qu'il s'était excité. J'ai payé en vitesse, je suis sorti dans la nuit glacée, et je suis rentré à l'hôtel avec le premier taxi. Un message urgent de Franquie m'attendait à la réception : *J'ai emporté tes bagages au 727.* Il ne m'en fallait pas davantage. Le 727 était le nom secret sous lequel Franquie et moi connaissions la maison de Clemencia Isaura, et le fait d'y avoir emporté les valises après avoir quitté l'hôtel à toute vitesse signifiait que, cette fois, le cercle s'était refermé. Je suis sorti précipitamment, j'ai changé de taxi et de direction je ne sais combien de fois, et j'ai trouvé Clemencia Isaura dans son état d'immortelle placidité, devant un film d'Hitchcock à la télévision.

« OU TU PARS OU TU PLONGES »

Le message que Franquie avait déposé chez elle était plus explicite. Au cours de l'après-midi, deux agents en civil s'étaient présentés à l'hôtel et nous avaient demandés. Ils avaient pris note du contenu de nos fiches. Le portier avait tout raconté à Franquie et celui-ci avait fait mine de n'accorder aucune importance à une recherche qui pouvait être purement routinière, étant donné l'état de siège. Il avait réglé la facture sans manifester la moindre inquiétude, puis il avait demandé au portier de lui appeler un taxi pour se rendre à l'aéroport international et il avait pris congé avec une poignée de main et un inoubliable pourboire.

Mais le portier n'était pas né d'hier. « Je peux vous dénicher un hôtel où ils ne vous trouveront jamais », avait-il dit. Franquie, pourtant, avait jugé plus prudent de faire celui qui ne comprend pas.

Clemencia Isaura m'avait préparé une chambre et avait donné congé à la servante et au chauffeur pour que les murs soient sans oreilles et les miroirs sans yeux. Tout en m'attendant, elle avait préparé un dîner splendide, avec chandelles, vins de grande classe et sonates de Brahms, son compositeur favori. Nous sommes restés à table longtemps après le dessert, en barbotant dans le marais de ses frustrations tardives. Elle ne pouvait se résigner au fait d'avoir perdu sa vie à élever des enfants pour servir les momies, à jouer à la canasta avec des matrones imbéciles, tout cela pour finir ses jours en tricotant des bas de laine devant les feuilletons larmoyants de la télévision. A soixante-douze ans, elle découvrait que sa véritable vocation était la lutte armée, la conspiration, l'enivrement de l'action intrépide.

– Si c'est pour mourir dans un lit avec les reins pourris, a-t-elle déclaré, je préfère être cousue de plomb dans un combat de rue avec les soldats.

Franquie est arrivé le lendemain matin, avec une voiture différente de celle que nous avions les jours précédents. Il apportait un message catégorique qui m'est parvenu par trois voies distinctes : « Ou tu pars ou tu plonges. » Ce second terme, qui signifiait que je devais me cacher sans poursuivre le travail, était un choix impensable. Franquie était d'accord et avait déjà réservé les deux seules places vacantes dans l'avion qui partait l'après-midi pour Montevideo.

C'était le dernier acte. La veille au soir, j'avais donné congé à la première équipe chilienne, avec l'instruction de mettre fin à l'activité des autres. J'avais également livré à un émissaire de la résistance les trois dernières boîtes de pellicules, afin qu'on les sorte du pays le plus vite possible. L'opération a été si bien menée qu'à mon arrivée à Madrid, cinq jours plus tard, Ely les avait déjà reçues. C'était une jeune et charmante religieuse qui les avait apportées, pareille à la petite sainte Thérèse de Jésus, et elle n'avait même pas voulu déjeuner, car elle avait encore trois missions secrètes à remplir avant de rentrer au Chili le soir même. J'ai découvert il y a peu, par un incroyable hasard, que c'était la même religieuse qui m'avait contacté à Santiago, dans l'église de San Francisco.

Je me refusais à partir aussi longtemps qu'il existerait une possibilité de rencontrer le General Electric. Le contact s'était de nouveau interrompu au restaurant, mais, alors que nous déjeunions chez Clemencia Isaura, j'ai rappelé au même numéro et la sempiternelle voix féminine m'a demandé de retéléphoner deux heures plus tard pour obtenir une réponse définitive : oui ou non.

J'ai alors décidé que, si j'obtenais un accord une minute avant le départ de l'avion, je resterais à Santiago sans plus songer aux risques. Dans le cas contraire, je partirais pour Montevideo. Je considérais cette entrevue comme une affaire d'honneur et je déplorais de ne pouvoir terminer par là mes six semaines d'heurs et de malheurs au Chili.

Le second appel n'a pas donné de nouveau résultat : il fallait retéléphoner deux heures après. Il restait donc deux chances supplémentaires avant le décollage. Clemencia Isaura s'est évertuée à nous donner un revolver de bandit de grands chemins que son mari gardait toujours sous l'oreiller pour effrayer les voleurs, mais nous l'avons persuadée que c'était imprudent. Elle nous a quittés en pleurant à chaudes larmes, et je ne crois pas que sa douleur venait tellement de l'affection réelle qu'elle nous portait que du fait de se retrouver privée de nouvelles aventures. En vérité, c'est là que j'ai abandonné mon autre moi. J'ai pris mes effets personnels indispensables, je les ai mis dans un petit sac de voyage et j'ai laissé à Clemencia Isaura la valise à roulettes avec les costumes anglais, les chemises en pur fil avec les monogrammes étrangers, les cravates italiennes peintes à la main, la somptueuse garde-robe mondaine de l'homme que j'ai le plus détesté de ma vie. Je n'ai conservé de lui que les vêtements que je portais, et je les ai oubliés à dessein trois jours plus tard, dans un hôtel de Rio.

Ensuite, nous avons passé deux heures à acheter des cadeaux pour mes enfants et pour les amis de l'exil. Dans une cafétéria près de la place d'Armes, j'ai appelé pour la troisième fois et reçu la même réponse : « Téléphonez dans deux heures. » Cette fois pourtant, ce n'est pas la femme qui a répondu, mais un homme qui a cité correctement le mot de passe et m'a averti que si le contact n'était pas établi pour la prochaine fois, il serait impossible de le faire avant deux semaines. Aussi sommes-nous partis à l'aéroport pour y tenter le dernier appel.

La circulation était interrompue par des travaux en plusieurs endroits, la signalisation était confuse et les déviations nombreuses et embrouillées. Franquie et moi nous connaissions très bien la route du vieil aéroport de Los Cerrillos, mais non celle de Pudahuel, et, sans savoir comment, nous nous sommes perdus dans une grande zone industrielle. Nous avons fait je ne sais combien de tours, en cherchant en vain une sortie, et finalement nous avons constaté que nous roulions en sens interdit. C'est alors qu'une patrouille motorisée de carabiniers s'est mise en travers de la route. Je suis descendu de voiture et j'ai décidé d'aller à leur rencontre. De son côté, Franquie les a assommés avec son inépuisable verve fleurie, sans leur laisser le temps de respirer pour concevoir le moindre soupçon. Il leur a fait le récit accéléré et fabuleux d'un contrat que nous étions venus signer avec le ministère des Communications pour établir au Chili un réseau de contrôle du trafic national par satellite et il les a mis devant la responsabilité dramatique de faire échouer tout le projet si nous n'arrivions pas à l'aéroport en une demi-heure. Au bout du compte, nous étions tous tellement confus en essayant de trouver un chemin pour reprendre l'autoroute que les deux carabiniers ont sauté dans leur véhicule et nous ont ordonné de les suivre.

DEUX RESQUILLEURS EN QUÊTE D'AUTEUR

Voilà comment nous sommes arrivés à l'aéroport, avec la route balayée par les sirènes d'alarme et les éclairs rouges d'une voiture de police lancée à plus de cent kilomètres à l'heure. Franquie s'est précipité vers le comptoir Hertz pour rendre la voiture. J'ai couru au téléphone, j'ai appelé pour la quatrième fois et le numéro était occupé. J'ai insisté deux autres fois; à la troisième tentative, on a répondu, mais j'ai perdu un temps précieux car la femme qui me parlait n'a pas reconnu le mot de passe et a raccroché, indignée. J'ai aussitôt reformé le numéro, et alors la voix masculine des appels précédents est revenue, douce et posée, mais sans aucun espoir. Et, comme prévu, il ne fallait rien attendre avant deux semaines. Quand j'ai raccroché, furieux et découragé, il restait une demi-heure avant le départ.

J'avais décidé avec Franquie que je passerais le contrôle d'immigration pendant qu'il achèverait de régler les formalités avec l'agence Hertz, de telle sorte qu'il puisse s'échapper et alarmer la Cour Suprême de Justice si j'étais arrêté. Mais, au dernier moment, j'ai résolu de l'attendre. Il tardait beaucoup trop et, à mesure que le temps passait, on me remarquait de plus en plus avec ma grosse valise de P.-D.G. et mes deux sacs de voyage, sans compter les paquets de cadeaux. Dans le haut-parleur, une voix de femme qui semblait plus nerveuse que moi a fait le dernier appel des passagers à destination de Montevideo. Pris de panique, j'ai donné à un porteur le bagage de Franquie avec un gros billet, et je lui ai dit :

– Portez cela au comptoir Hertz et dites au monsieur qui règle sa note que je cours à la porte d'embarquement s'il ne vient pas tout de suite.

– Allez-y vous-même, m'a-t-il dit, ce sera plus facile.

Alors je me suis dirigé vers une des employées de la compagnie aérienne qui surveillait l'entrée des passagers.

– S'il vous plaît, ai-je dit, attendez-moi deux minutes, le temps que je cherche mon ami qui est en train de payer la voiture.

– Il ne reste que quinze minutes, a-t-elle répondu.

J'ai couru vers le comptoir sans me soucier de l'air que je pouvais avoir : l'angoisse m'avait fait perdre le maintien parcimonieux de mon autre moi, et j'étais redevenu le cinéaste impulsif que j'ai toujours été. Tant d'heures de travail, de prévisions millimétriques, d'essais minutieux, venaient de s'en aller au diable en deux minutes. J'ai trouvé Franquie très à son aise, discutant avec le représentant Hertz d'un problème de change.

– Nom de Dieu ! lui ai-je dit. Paie ce qu'il faut, je t'attends dans l'avion. Il nous reste cinq minutes.

J'ai fait un effort suprême pour me calmer et j'ai affronté le contrôle d'immigration. L'agent a vérifié mon passeport et m'a regardé dans les yeux. J'ai fait de même, puis il a regardé la photo, m'a fixé à nouveau et j'ai soutenu son regard.

– Vous allez à Montevideo ? m'a-t-il demandé.

– Oui, dîner avec la maman, ai-je dit.

Il a jeté un œil sur l'horloge électronique au mur et a déclaré : « L'avion est déjà parti. » « Non », ai-je insisté et il a vu l'employée de Lan Chile qui nous attendait pour clôturer le vol. Plus que deux minutes. Le contrôleur a visé le passeport et me l'a tendu en souriant.

– Bon voyage.

Je n'avais pas fini de passer le contrôle quand on m'a appelé à tue-tête par le haut-parleur, avec mon faux nom. J'ai cru que c'était la fin et j'en suis venu à l'imaginer comme une chose qui jusque-là ne pouvait arriver qu'aux autres, mais qui maintenant m'était dévolue sans recours. J'y ai même pensé avec une étrange sensation de soulagement. Et pourtant, celui qui me faisait appeler n'était autre que Franquie, car j'avais emporté sa carte d'embarquement dans mes papiers. J'ai dû sortir à nouveau en courant, demander l'autorisation à l'officier qui avait tamponné mon passeport et repasser les contrôles en traînant Franquie.

Nous étions les derniers à monter dans l'avion, et nous l'avons fait si précipitamment que je ne me suis pas aperçu que j'étais en train de répéter, un par un, les pas que j'avais franchis, douze ans plus tôt, quand il avait fallu prendre l'avion pour le Mexique. Nous nous sommes assis aux dernières places, les seules disponibles. Alors, j'ai ressenti l'émotion la plus contradictoire de tout le voyage. J'ai éprouvé une grande tristesse, j'ai éprouvé de la rage, j'ai éprouvé à nouveau la douleur intolérable de l'exil, mais aussi l'immense soulagement de savoir que tous ceux qui avaient participé à mon aventure étaient sains et saufs. Une annonce inattendue diffusée dans l'avion m'a ramené à la réalité.

– Votre attention s'il vous plaît, tous les passagers doivent tenir leur billet en main. On procède à un contrôle.

Deux fonctionnaires en civil, qui pouvaient dépendre aussi bien de la compagnie que du gouvernement, étaient déjà à bord. J'ai souvent pris l'avion et je sais qu'il n'est pas rare qu'on demande le talon de la carte d'embarquement au dernier moment, pour l'une ou l'autre vérification. Mais c'était la première fois que je voyais demander les billets. On pouvait imaginer n'importe quoi. Angoissé, j'ai cherché refuge dans les merveilleux yeux verts de l'hôtesse qui distribuait des caramels.

– C'est tout à fait bizarre, mademoiselle, lui ai-je dit.

– Ah, monsieur, que voulez-vous que je vous dise, a-t-elle répondu. Cela ne dépend pas de nous.

Plaisantant comme il le fait toujours dans les situations difficiles, Franquie lui a demandé si elle passait la nuit à Montevideo, et elle lui a dit sur le même ton qu'il pose donc la question à son mari, le copilote. Pour ma part, je ne pouvais supporter une minute de plus l'ignominie de vivre caché dans la peau d'un autre. J'ai senti une grande envie de me lever et d'accueillir les contrôleurs en criant : « Allez tous au diable, je suis Miguel Littín, cinéaste, fils de Cristina et de Hernán, et ni vous ni personne n'avez le droit de m'empêcher de vivre dans mon pays, avec mon vrai nom et mon vrai visage. » Mais, à l'heure de la vérité, je me suis contenté de montrer le billet avec le plus de solennité possible, dissimulé dans la cuirasse protectrice de mon autre moi. Le contrôleur l'a à peine vérifié et me l'a rendu sans me regarder.

Cinq minutes après, en survolant la neige rosée des Andes à la tombée du jour, j'ai compris que les six semaines que je laissais derrière moi n'étaient pas les plus héroïques de ma vie, comme je l'aurais voulu en arrivant, mais qu'elles étaient bien davantage : les plus dignes. J'ai regardé ma montre, il était cinq heures dix. C'était l'heure où Pinochet sortait du bureau avec ses courtisans, parcourait à pas lents la longue galerie déserte et descendait le somptueux escalier tapissé, en portant les 32 000 mètres de bonnet d'âne que nous lui avions enfoncé. J'ai pensé à Elena avec une gratitude immense. L'hôtesse aux yeux d'émeraude nous a servi un cocktail de bienvenue et nous a expliqué spontanément :

– On pensait qu'un resquilleur s'était faufilé dans l'avion.

Franquie et moi avons levé nos verres en son honneur.

– Non, il y en a deux, ai-je dit. Santé !

REPÈRES

BIOGRAPHIE DE MIGUEL LITTÍN

Né en 1942 à Palmilla, Chili.

Licencié en arts dramatiques de l'école de théâtre du Chili. Etudes de technique littéraire du drame à l'Université du Chili.

Comme dramaturge, il a écrit et mis en scène plusieurs pièces dont :

El Hombre de la Estrella (L'Homme à l'étoile).

Raíz cuadrada de Tres (Racine carrée de trois).

La Mariposa debajo del Zapato (Le Papillon sous la chaussure).

Los Hijos de Isabel (Les Enfants d'Isabelle).

Conflicto (Conflit).

Les deux dernières œuvres ont reçu respectivement le prix des cent vingt-cinq ans de l'Université du Chili et le Prix national Théâtre du Peuple. Il a également mis en scène diverses œuvres pour le théâtre et la télévision, notamment *La Mort d'un commis voyageur* d'Arthur Miller, ainsi que des pièces de Pinter, d'Ionesco et d'auteurs latino-américains.

Directeur de production à la télévision Canal 9 de l'Université du Chili.

Sous le gouvernement d'Allende, il fait partie de

l'équipe dirigeant l'entreprise d'Etat des Films Chili.

Professeur à l'Ecole de Journalisme de l'Université du Chili, chaire de « Cinéma et moyens de communication », pendant l'année 1968-1969.

Cours et conférences dans différentes universités, en particulier sur le thème « Art et Société » à l'Université de Columbia, 1971.

Officier des Arts et Lettres de France, 1986.

Membre fondateur du Comité des Cinéastes d'Amérique latine.

Membre du Conseil de la Fondation du Nouveau Cinéma Latino-américain.

Membre du Conseil International de la Cinémathèque américaine (USA).

A fait partie du jury de nombreux festivals internationaux :

Festival de San Sebastián (Espagne), 1978.

Festival de New Delhi (Inde), 1980.

Premier Festival du nouveau cinéma latino-américain, La Havane (Cuba).

Festival de Rio (Brésil).

Président du Jury du Festival de cinéma de Carthagène (Colombie).

FILMOGRAPHIE

El Chacal de Nahualtoro (Le Chacal de Nahualtoro), 1968. Prix de la critique chilienne. Représentation officielle chilienne au Festival de Berlin.

La Tierra prometida (La Terre promise), 1971-1972. Prix Georges Sadoul du meilleur film étranger, Festival de Cannes. Le film reçoit d'autres prix (Festival de Benalmadena, de Huelva, etc.).

Actas de Marusia (Les Actes de Marusia), 1976. Production mexicaine. Nomination à l'Oscar, meilleur film étranger. 9 nominations (Prix National du Cinéma mexicain) pour la réalisation, le scénario, etc. Sélection officielle du Festival de Cannes.

El Recurso del Método (Le Recours de la méthode), 1978. Basé sur le roman d'Alejo Carpentier. Production mexicaine, cubaine et française. Sélection officielle du Festival de Cannes, 1978.

La Viuda de Montiel (La Veuve Montiel), 1980. Basé sur un récit de Gabriel García Márquez. Production mexicaine, vénézuélienne et cubaine. Représentation mexicaine officielle au Festival de

Berlin. Prix spécial du jury du Festival de Biarritz. Médaille d'or au Festival de Huelva.

Alsino y el Condor (Alsino et le Condor), 1982. Production nicaraguayenne, cubaine et mexicaine. Nomination à l'Oscar, meilleur film étranger. Le film est primé au Festival de Biarritz et au Festival du cinéma latino-américain à La Havane. Grand Prix Filmex, Los Angeles, Californie. Grand Prix, médaille d'or du Festival de Moscou. Présentation au Festival de Londres.

Acta General de Chile (Etats généraux du Chili), 1985-1986. Documentaire. Alfil Uno Cinematográfica, S.A., en coproduction avec Rive. Quatre chapitres d'une heure. Version de deux heures pour le cinéma.

A la Mostra de Venise, en 1986 : Prix de la Présidence du Sénat italien, Prix de la Fédération Internationale de la Presse cinématographique, Prix de l'Espace libre de l'Auteur.

Table

Œuvres de Gabriel García Márquez

dans Le Livre de Poche

L'automne du patriarche

n° 5692

Depuis trente ans, plusieurs grands romans latino-américains nous ont décrit par le menu le monde hallucinant de la dictature « à l'américaine » : délation, exactions de tous ordres, assassinats, exterminations même, bestialité, cupidité, abus sexuels, protections étrangères, soif maladive de pouvoir que finalement la solitude transforme en frustration. Cette réalité tragique, nous la retrouvons tout au long du roman de García Márquez, mais sous la plume de l'auteur de *Cent ans de solitude* elle prend une dimension burlesque incomparable.

Le patriarche est ici un dictateur dans la grande tradition de l'Amérique latine. C'est un vieux général qui a « entre 107 et 232 ans ». Tyran méfiant et délirant, les structures minables de son pays arriéré le vouent à des aventures cauchemardesques que l'imagination non moins délirante de Gabriel García Márquez transforme en folles équipées drolatiques.

Cocasserie, jaillissement incessant de trouvailles, ruissellements de mots qui brillent comme d'insolites pierres précieuses : on retrouve dans *L'Automne du patriarche* toute la magie de *Cent ans de solitude*.

Chronique d'une mort annoncée

n° 6409

Les frères Vicario ont annoncé leur intention meurtrière à tous ceux qu'ils ont rencontrés, la rumeur alertant finalement le village entier, à l'exception de Santiago Nasar. Et pourtant, à l'aube, ce matin-là, Santiago Nasar sera poignardé devant sa porte.

Pourquoi le crime n'a-t-il pu être évité ? Les uns n'ont rien fait, croyant à une simple fanfaronnade d'ivrognes; d'autres ont tenté d'agir, mais un enchevêtrement complexe de contretemps et d'imprévus — souvent joyeusement burlesques —, et aussi l'ingénuité ou la rancœur et les sentiments contradictoires d'une population vivant en vase clos dans son isolement tropical, ont permis et même facilité la volonté aveugle du destin.

Chronique d'une mort annoncée est un roman hallucinant où l'humour et l'imagination du grand écrivain colombien, prix Nobel de littérature, se débrident plus que jamais pour créer une nouvelle et géniale fiction sur les thèmes éternels de l'honneur et de la fatalité.

Egalement au « Livre de Poche » :

La Mala Hora — n° 6440

IMPRIMÉ EN FRANCE PAR BRODARD ET TAUPIN
Usine de La Flèche (Sarthe).
LIBRAIRIE GÉNÉRALE FRANÇAISE - 6, rue Pierre-Sarrazin - 75006 Paris.

ISBN : 2 - 253 - 04794 - 5 — 30/6550/5